CHEYENNE SAVANNAH OCHSENKECHT
NATASCHA OCHSENKNECHT

MIT NILS FRENZEL

WEHR DICH!

CHEYENNE SAVANNAH OCHSENKECHT
NATASCHA OCHSENKNECHT

MIT NILS FRENZEL

WEHR DICH!

WIE MUTTER UND TOCHTER
GEGEN DEN HASS IM NETZ KÄMPFEN

KOMPLETTMEDIA

FSC
www.fsc.org
MIX
Papier aus ver-
antwortungsvollen
Quellen
FSC® C014496

Originalausgabe
1. Auflage 2020
Verlag Komplett-Media GmbH
2020, München
www.komplett-media.de
ISBN: 978-3-8312-0566-0
Auch als E-Book erhältlich

Text und Konzept: Nils Frenzel
Lektorat: Redaktionsbüro Julia Feldbaum, Augsburg
Korrektorat: Buch&media GmbH
Cover und Umschlaggestaltung: Heike Kmiotek, www.heike-kmiotek.de
Coverbild: Oliver Wand
Satz: Daniel Förster, Belgern
Druck & Bindung: GGP Media GmbH, Pößneck

Gedruckt in Deutschland

INHALT

VORWORT

Liebe Leserin, lieber Leser,

was im Februar 2020 als ein wütendes Ansage-Video auf Instagram begann, wird jetzt aufgeschrieben und in Buchform gepresst, worüber wir uns sehr freuen.

Damals reichte es uns. Die Hetze, die fiesen Nachrichten, der ganze Hass, den vor allem Cheyenne abbekam und der sie psychisch fertigmachte, das war einfach nur nervig. Als Mutter war ich es leid mitzubekommen, dass es für meine Tochter anscheinend dazugehörte, sich solchen Beleidigungen auszusetzen, und dass vonseiten der Plattformen nichts getan wurde, um dem Einhalt zu gebieten.

Umso erfreulicher waren die Reaktionen auf das Video: Zahlreiche Magazine und Tageszeitungen berichteten darüber, und mich und Cheyenne erreichten Unmengen positiver Zuschriften. Uns war klar, dass wir mit diesem Thema einen Nerv getroffen hatten und aussprachen, was viele dachten: dass Cybermobbing grenzüberschreitend und es ein Unding ist, das Ganze hinzunehmen. Man muss sich zur Wehr setzen. *Wir* mussten uns zur Wehr setzen. *Du* musst dich zur Wehr setzen!

In diesem Buch wird es zwei Perspektiven geben. Zum einen die von Cheyenne, die ihre persönliche Mobbinggeschichte erzählt, und zum anderen die von Natascha, die erklärt, wie es ist, wenn die eigene Tochter mit dem Tod bedroht wird.

Dieses Buch ist kein »Oje, uns geht es so schlimm«-Mitleidsbuch. Es ist eine klare Kampfansage. Es kann nicht sein, dass Mobbing und Cybermobbing immer noch Kavaliersdelikte sind und die Täter ungeschoren davonkommen. Und spätestens, seit Cheyenne jede Beleidigung bei der Polizei zur Anzeige gebracht hat, stand der Titel dieses Buches fest: Wehr dich!

Berlin 2020,
Cheyenne und Natascha Ochsenknecht

ALS ICH ANFING,
MICH ZU WEHREN

Cheyenne Ochsenknecht

Ein verregneter Dienstagmorgen in Berlin Ende März. Es ist kurz nach 10 Uhr, als ich endlich einen Parkplatz gefunden habe. Zuerst hatte ich Mamas Auto direkt vor der Polizeiwache unweit des Alexanderplatzes geparkt, aber die Polizeibeamten wiesen mich freundlich darauf hin, dass hier nur Einsatzwagen parken durften. Schade, dabei wäre der Parkplatz perfekt gewesen. Aber so nehme ich den prasselnden Regen, die Kälte und den verlängerten Fußweg in Kauf und gehe quer über den bereits ziemlich belebten Platz mitten auf das ockerfarbene Gebäude mit der Nummer 35 zu.

Ich habe nicht sonderlich gut geschlafen. Klar bin ich etwas angespannt. Es ist ja nicht so, dass eine Vorladung zu einer Zeugenaussage etwas Alltägliches ist. Trotzdem fühle ich mich nicht unsicher oder bin ängstlich, als ich mich dem Gebäude nähere. Im Gegenteil: Während ich durch den Regen laufe, fühle ich mich mit jedem Schritt stärker und selbstbewusster. Ich will heute mehr als einfach nur aussagen, was mir widerfahren ist.

Ich will ein Zeichen setzen. Nicht nur für mich, sondern auch für andere Betroffene.

In zügigem Tempo überquere ich die Mollstraße und biege rechts ab in die Keibelstraße, begleitet vom immer stärker einsetzenden Regen. Als ich eine Ampel überquere, kommt mir ein Mann mit grauer Aktentasche und schwarzem Hut entgegen. Vor meinem inneren Auge sehe ich plötzlich einzelne Nachrichten der vergangenen Wochen aus meiner Instagram-Inbox aufflackern.

»Hure!« – »Du hässliche Fotze mit deinen fetten Schlauchlippen.« – »Ich will dich totficken!«

Das sind Nachrichten, die sich bei mir eingebrannt haben. Die ich immer wieder bekomme. Nicht nur einmal. Nein, regelmäßig. Und jetzt, in dem Moment, wo ich die Straße in Richtung Polizeistation überquere, kommen die Nachrichten wie böse Geister der Vergangenheit wieder hervor. Die Verfasser der Hassnachrichten benutzen Pseudonyme. Ihre Accounts haben sie meistens auf privat gestellt, sodass sie auf den ersten Blick unsichtbar sind. Sie fühlen sich sicher. Vielleicht ist er ja auch einer von denen, die mir in letzter Zeit geschrieben haben, denke ich mir, als der Mann mit der grauen Aktentasche und dem schwarzen Hut meinen Weg streift und mir im Vorbeigehen nett zulächelt. Vielleicht siehst du mich ja jetzt, hier im Regen auf dieser Kreuzung, lächelst mir freundlich zu, und wenn du zu Hause bist, schreibst du mir eine hasserfüllte Nachricht. Aus welchem Grund auch immer. Wäre doch möglich, dass du einer dieser Typen bist, oder nicht?

Ich schüttele mich wegen der Kälte, aber auch wegen der Gedanken in meinem Kopf, und die Nachrichten vor meinem inneren Auge verschwinden. Ich muss mich jetzt konzentrieren, denn ich habe eine Aufgabe. Ich will nicht mehr, dass

Menschen, die andere im Internet mobben und so bösartig beleidigen, anonym bleiben. Verstecken ist ein Kinderspiel, aber ich will mich weder verstecken noch bin ich ein Kind. Ich will mich jetzt wehren. Viel zu oft wurde mir schon gesagt, ich soll diese Nachrichten »einfach« hinnehmen, aber wie kann ich es hinnehmen, wenn ich auf solch massive Art und Weise beleidigt und bedroht werde und den Kopf einziehen soll, anstatt mich zu wehren? Mein Wille ist an diesem Tag stärker denn je. »Ich will und ich werde mich wehren«, flüstere ich mir leise zu.

Nach einigen Metern bin ich an meinem Ziel angekommen. Polizeidirektion 5, Abschnitt 57 steht auf dem Schild des ockerfarbenen Gebäudes. Fest entschlossen drücke ich die Klingel. Nach einigen Sekunden ertönt eine verzerrte Stimme aus der Gegensprechanlage: »Polizeistation Berlin-Alexanderplatz, ja bitte?«

»Ochsenknecht«, antworte ich selbstbewusst und setze nach: »Cheyenne Ochsenknecht. Ich habe einen Termin um 10 Uhr. Es geht um die Vorladung zu einer Zeugenaussage bezüglich …«, ich schlucke kurz, »… bezüglich zweier Fälle von Cybermobbing, die ich gemeldet habe.«

Nach wenigen Sekunden öffnet sich surrend die Tür zur Polizeiwache. Ich gehe noch einmal in mich, atme tief ein und aus und trete dann ein. Ich bin froh, dass ich diesen Schritt an diesem kalten Märzmorgen mache. Ich hätte ihn früher nicht gemacht. Die Vergangenheits-Cheyenne hätte das, was in den letzten Wochen und Monaten passiert ist, einfach ausgesessen und ignoriert. »Ach, das ist doch nur wieder ein Idiot, der dich auf Instagram beleidigt hat«, hätte die Vergangenheits-Cheyenne zur Gegenwarts-Cheyenne gesagt und mich davon abgehalten, jetzt hier zu stehen und sich mit allen Mitteln des Rechtsstaats zur Wehr zu setzen. Aber in dieser Sache geht es um mehr als einen einzelnen Idioten. Es geht darum, heute und hier ein Zeichen zu setzen.

In der Polizeistation werde ich gebeten zu warten und verharre im Vorzimmer. Außer mir ist niemand hier. Ab und zu klingelt ein Telefon und gelegentlich gehen Türen auf und zu. Ich vernehme das leise Brummen einer Lüftung. Ansonsten herrscht eine nahezu gespenstische Stille. Ich setze mich auf einen der wenigen Besucherstühle mit schwarzem Sitzpolster, gehe aber nach wenigen Sekunden zu der plakatierten Wand gegenüber.

»Gesuchte Personen«, steht in dicker schwarzer Schrift auf dem Plakat, das an die Wand gepinnt ist. Mit dem Nachsatz: »In den folgenden Fällen bitten wir um Mithilfe und Hinweise zu gesuchten Personen.« Dabei geht es zum Teil um namentlich bekannte Straftäter, aber auch um die Identifizierung Unbekannter, zu denen uns lediglich Phantomzeichnungen oder Bilder aus Überwachungskameras vorliegen.

Darunter sind auf der linken Seite Menschen abgebildet. Oft sind es Aufnahmen von Überwachungskameras. Rechts daneben stehen die begangenen Verbrechen der Gesuchten: »Geldwäsche, Steuerhinterziehung, Raub, Totschlag.« Dafür werden sie gesucht und sind hier öffentlich abgebildet.

Während lediglich das Brummen der Klimaanlage den Raum akustisch ausfüllt, werde ich inmitten dieser allumfassenden Stille nachdenklich. Und was ist mit denen, die mir schreiben, dass sie mir »ins Gesicht pissen wollen«, und mich als »Nutte« beleidigen? Diejenigen, die mir und meiner Familie den Tod wünschen? Diese Menschen hängen hier nicht und werden es wohl auch nie tun. Sie sind nicht Teil der polizeilich erfassten und hier zur Schau gestellten Öffentlichkeit und keine einsehbaren Täter. Sie sind einfach anonyme Avatare, die mir bei Instagram schreiben. Sie sind nicht greifbar. Möglich, dass sie Zweitaccounts haben. Und somit eine zweite Identität.

Eine seltsame Vorstellung, denke ich mir, während eine Polizeibeamtin an mir vorbeigeht und ich wieder auf dem Besucherstuhl Platz nehme. Eine seltsame Vorstellung, dass es scheinbar wirklich Menschen gibt, die einerseits ein normales Leben, vielleicht eine Familie und ähnlich wie ich einen süßen liebenswerten Hund haben, und mir andererseits Hassnachrichten senden. Und dann ganz normal mit ihrem Hund Gassi gehen – so wie ich mit Cupcake.

Früher habe ich mich öfter gefragt, warum gerade ich solche Nachrichten bekomme. Das hat mich wirklich sehr lange beschäftigt. Warum ich? Diese Frage brannte sich in meinen Kopf ein, und ich suchte nach Erklärungen. Was hatte ich an mir? War ich am Mobbing vielleicht sogar selbst schuld? Was machte ich falsch?

Halt fand ich in diesen dunklen Stunden bei meiner Familie, insbesondere bei meiner Mutter. Sie hielt mich vehement von dem Gedanken ab, dass ich irgendeine Form von Schuld tragen würde, wofür ich ihr bis heute dankbar bin. Denn alles, was ich jemals tat, war, so früh wie möglich selbstständig zu werden und mein Leben in meine eigenen Hände zu nehmen. Den Stress in der Schule hinter mir zu lassen, die insgesamt vier Schulwechsel in Kauf zu nehmen und mir etwas Eigenes aufzubauen, auf das ich bis heute stolz sein kann. Eine Zeit lang dachte ich, wenn ich erst aus der Schule war, würde es einfacher werden. Mit dem Mobbing und mit dem Getratsche. Mit den Beleidigungen und dem Ärger. Aber eigentlich fing das Ganze ja erst nach der Schule an, beziehungsweise änderte sich. Es gibt keinen Termin, kein Datum, keinen besonderen Post, der dazu führte, dass auf einmal alles losging. Es war eher ein schleichender Prozess. Durch meine steigende Reichweite auf Instagram stiegen auch die Nachrichten, die ich bekam. Oft waren die Nachrichten positiv. Junge Mädchen, die in mir ein Vorbild sahen, oder Fans, die sich für die Produkte interessierten, die ich bewarb. Sicher waren immer auch einige negative oder abwertende Nachrichten dabei, aber das war relativ überschaubar. Aber irgendwann wurde es schlimmer. Direkter und asozialer. Die Hemmschwelle fiel. Bekam ich vor einem Jahr noch eine beleidigende Nachricht in einer Woche, wurden es auf einmal mehrere am Tag. Als Direktnachrichten, als Kommentare unter einem Foto – einfach überall. Mir wurden Messer-Emojis geschickt, mir wurde mit dem Tod gedroht und explizit beschrieben, wie man denn gedachte, mich zu vergewaltigen.

»Ochsenknecht? Cheyenne Ochsenknecht?«

Ich schrecke aus meinen Gedanken auf. Die Lüftung brummt noch immer. Am Ende des Flurs steht eine junge Polizistin mit Kurzhaarschnitt und lächelt freundlich. »Sie sind hier wegen Ihrer Zeugenaussage um 10 Uhr?«

Ich nicke bedacht.

»Etwas spät, oder?«, berlinert die Beamtin und grinst mich augenzwinkernd an.

Ich denke an die Suche nach dem Parkplatz und lächle verhalten zurück.

Freundlich setzt die Polizistin nach: »Na, dann folgen Sie mir doch bitte!«

Wenige Minuten später sitze ich in einem fast leeren Raum. An der Wand hängt ein einzelnes Präventionsposter gegen Gewalt an Jugendlichen. Mir gegenüber setzt sich die Polizistin auf einen Stuhl und schaut mich über ihren Schreibtisch hinweg an. Draußen prasselt weiter der Regen auf die Hauptstadt.

»So, Frau Ochsenknecht«, sagt die Beamtin. »Sie sind hier, weil Sie sich bei uns über die Internet-Wache der Polizei Berlin gemeldet habe.«

Ich nicke. Die Beamtin holt aus einer Schublade zwei Schnellhefter hervor. Aus den Augenwinkeln erkenne ich die Screenshots von Instagram, die ich bereits online eingereicht habe. Beleidigungen, direkt an mich.

»Nun, da Sie ja noch etwas jünger sind, habe ich mir erlaubt, Sie vorzuladen.« Die Polizeibeamtin schaut mich an. Es scheint ihr Ernst zu sein. »Denn ich glaube, es ist gut, wenn ich Ihre Aussage noch einmal hier aufnehme, damit wir das quasi schwarz auf weiß haben und der Sache nachgehen können.«

Ich nicke. Dafür bin ich hier.

»Also«, sagt die Polizistin. Sie klickt kurz mit der Maus auf ihrem Monitor, dann rückt sie ihre Tastatur näher an sich heran. Sie schaut mich an und hat ihre Finger auf die Tasten gelegt, um das, was ich ihr in den nächsten anderthalb Stunden erzählen werde, zu protokollieren. Ich blicke aus dem geschlossenen Fenster.

»Na dann, erzählen Sie mal!«

Ich bin eine Person des öffentlichen Lebens. Das liegt nicht nur an meinen Geschwistern und meinen Eltern und daran, dass man den Namen »Ochsenknecht« in Deutschland mit irgendetwas verbindet, sondern ich bin auch deshalb eine Person der Öffentlichkeit, weil ich über 240.000 Instagram-Abonnenten habe. Eine Viertelmillion Menschen, vornehmlich in Deutschland, folgen mir. 44 Prozent davon sind zwischen achtzehn und vierundzwanzig Jahre alt, 62 Prozent Frauen und 38 Prozent Männer. Wann immer ich die Frontkamera an meinem Smartphone aktiviere und über mein Leben berichte, weiß ich, dass viele Menschen mir dabei zusehen. Ich bin damit groß geworden, dass ich eine Reichweite habe. Nicht weil ich mit meinen Abonnenten geboren wurde, sondern weil ich mir diese aufgebaut habe. Trotzdem ist die Geschichte meiner gestiegenen Reichweite auch eine Geschichte des Anstiegs an Cybermobbing gegen mich.

Ich glaube, jeder Mensch hat eine andere Art von Zugang zu diesem Thema. Vielleicht seid ihr ja gar nicht selbst betroffen und wurdet noch nie von jemandem im Internet beleidigt oder runtergemacht. Aber bestimmt habt ihr einen Freund oder eine Freundin oder jemanden aus eurem erweiterten Freundeskreis, dem oder der das in irgendeiner Art und Weise schon mal passiert ist. Ich denke, das Thema Cybermobbing ist eines von diesen Themen, von denen man immer mal wieder hört, sich aber nicht direkt damit befassen will, wenn man nicht selbst davon betroffen ist. Ich finde aber, dieses Thema ist so wichtig, dass es jeden etwas angeht. Angenommen, ihr seid gar nicht selbst Opfer von solchen Attacken – seien es jetzt Beleidigungen über soziale Netzwerke oder Schulhof-Mobbing –, jemand aus eurem Freundeskreis aber schon eher, dann ist es umso wichtiger, dass ihr für eure Freunde da seid und ihnen das Gefühl gebt, ihn oder sie und ihren Kummer ernst zu nehmen. Nur so kann die Person sich euch gegenüber öffnen und mit euch darüber reden. Das ist sehr wichtig, damit Betroffene diese Problematik nicht in sich hineinfressen und so der Kummer noch größer wird.

Mich persönlich betrifft das Thema Cybermobbing seit einigen Jahren massiv. Zu fast jeder Uhrzeit, zu jedem Bild, zu jeder Story, die ich machte, bekam ich neben vielen netten Nachrichten auch krasse Sprüche und wurde heftig beleidigt. Versteht mich nicht falsch: Ich kann mit Kritik schon umgehen, und wenn jemandem ein Bild von mir nicht gefällt – dann ist das eben so. Ich will ja auch nicht jedem gefallen. Wozu auch? Und ich meine auch nicht Nachrichten, in denen so etwas drinsteht, wie: »Hey, das Kleid finde ich nicht so toll«, denn solche Nachrichten kriege ich ziemlich selten. Ich spreche von den Nachrichten, die wirklich beleidigend sind. Plumpe, massive Beleidigungen der übelsten Sorte. Anfang 2020 reichte es mir schließlich. Das neue Jahr startete direkt mit einer Menge fieser Anfeindungen, die auch im Bildteil (siehe Seite 159 ff.) abgebildet sind, und dann wurde es mir zu viel. Also erstellte ich auf Instagram einen Highlight-Ordner mit dem Titel »bullying«. Dazu machte ich einen Screenshot von besagtem Highlight-Ordner, postete diesen in meiner Story und schrieb dazu: »Ich kriege ungefähr jeden Tag Hassnachrichten und Anfeindungen und Beleidigungen von fremden Menschen … nicht nur über Instagram, sondern auch in der realen Welt. Das Thema belastet mich seit meiner Schulzeit, ich habe mich immer gegen Hate und Mobbing eingesetzt. Aber jetzt noch mehr als sonst. Ich werde jede einzelne gemeine Nachricht veröffentlichen, und wenn der Ordner voll ist, werde ich einen neuen machen. Ich werde noch mehr hinter diesem Thema stehen (Vorsatz 2020).«

In der nächsten Story nahm ich das Bild eines roten Schriftzugs, auf dem »Fuck off« stand, und schrieb darüber: »Ach ja. Falls ihr euch fragt: Warum? Ich möchte euch zeigen, dass es nicht immer positiv ist, in der Öffentlichkeit zu stehen, auch wenn man sich dafür entschieden hat, ist es ein Risiko voller Negativität und Positivität. Und ich glaube, da spreche ich für viele Menschen, die in der Öffentlichkeit leben.«

Als die Anfeindungen mir gegenüber immer fieser und gemeiner wurden und ich mehr und mehr darunter litt, lud meine Mama in Absprache mit mir ein Ansage-Video auf Instagram hoch. Ich wusste zu diesem Zeitpunkt bereits, dass es nicht reichte, einfach nur ein Highlight-Video für Instagram zu machen. Ich musste mehr tun. Es musste mehr passieren. Und so ging ich schließlich zur Polizei.

Bis zu diesem Gang, um das Thema Mobbing schließlich den Behörden vorzutragen, musste aber viel passieren. Denn das Thema Mobbing fing bei mir nicht erst an, als ich diesen

Highlight-Ordner mit den persönlichen Anfeindungen auf Instagram erstellte. Das Thema war in meinem bisherigen Leben eigentlich immer da gewesen, nur eben in anderer Form, und hatte auch dann stattgefunden, als es noch kein Facebook, kein Instagram oder Ähnliches gegeben hatte, sondern als ich einfach ganz normal wie jedes andere Kind zur Grundschule gegangen bin.

EIN BLICK ZURÜCK – MOBBING IN DER SCHULE

Cheyenne Ochsenknecht

Blut. Ich spuckte Blut. Die grüne Wiese, auf der ich lag und mich schmerzverzerrt zur Seite drehte, färbte sich langsam, aber sicher rot. Ich hustete einzelne Speichelfäden aus. Ich bekam kaum Luft, und mir wurde schwarz vor Augen. Um mich herum war eine laute Geräuschkulisse, aber das nahm ich kaum wahr.

»Steh doch bitte auf!«, keuchte ich zum dritten oder vierten Mal, und aus meiner eigentlich sanften Stimme war mittlerweile ein gequältes Quietschen geworden. Es war die Wiese am Fußballplatz unweit des Schulhofs meiner Grundschule in München-Grünwald, und auf mir saß ein Junge, der eine Klasse über mir war. Es war das Ende der großen Pause, und wie fast immer hatte ich mich mit meinen Freundinnen oder denjenigen, von denen ich gedacht hatte, sie wären es, auf die Wiese nahe dem Fußballplatz gesetzt und geredet und gespielt. Bis diese andere Gruppe angekommen war, angeführt von dem

Jungen, der gerade auf mir saß und Ärger machte. Wie genau das alles passiert war, wusste ich nicht mehr. Es hatte als Spaß angefangen. Aber die Situation war jetzt schon lange kein Spaß mehr. Der Junge auf mir wog wahrscheinlich doppelt so viel wie ich und zerquetschte mich gerade. Immer wenn er sich bewegte, hatte ich das Gefühl, meine Rippen wurden gebrochen. Mein Blick wurde glasig, und Tränen kullerten mir aus den Augen.

»Bitte, steh doch auf!«, rief ich mit letzter Kraft schmerzerfüllt und versuchte, mich von dem Jungen zu lösen, der mich als menschlichen Sitzsack benutzte, doch es gelang mir nicht. Meine Arme ragten wie blasse Streichhölzer unter seinem wuchtigen Körper hervor, sonst war ich komplett bewegungsunfähig. Aus dem Augenwinkel erkannte ich verschwommen mein Umfeld. Ich sah das hölzerne Fußballtor, das ein wenig mit Moos bewachsen war. Davor spielten einige Kinder, die sich aber auch mir und dem Geschehen zugewandt hatten. Direkt um mich herum stand meine Clique, meine Mädels, von denen ich nie so genau gewusst hatte, ob wir uns jetzt alle mochten oder eben nicht. Und jetzt, wo ich merkte, dass keiner etwas tat, sagte oder mir half und langsam alles dunkler und düsterer wurde – und der Druck auf meinen Brustkorb scheinbar bis ins Unendliche zunahm –, wusste ich, dass heute einer dieser Tage war, an dem sie mich nicht mochten. Keiner reagierte. Wie lange brauchte ein Mensch, bis er erstickte? Ich wusste es nicht. Alles, was ich wusste, war, dass meine Rippen schmerzten und ich das Gefühl hatte, gleich ohnmächtig zu werden.

»Bitte …«, wimmerte ich unter dem Druck vom Gewicht des Jungen. Ich schaute auf das blutverschmierte Gras und versuchte, Luft zu holen, doch es gelang mir nicht. Es war ein warmer Frühlingstag in München, ich war neun Jahre alt, ging in die dritte Klasse, und ich hatte das Gefühl, jetzt war hier gleich alles vorbei.

Während ich nach Luft rang, hörte ich, wie der Junge, der auf mir saß, schallend lachte. Ich blickte noch einmal nach vorn und erkannte, dass sich von der Seite des Schulhofs eine größere Gestalt näherte. Mit einem Schlüsselbund in der einen und einem Pausenbrot in der anderen Hand. Es war einer der Lehrer. Ich spürte, wie der Druck von meiner Brust genommen wurde – der Junge war aufgestanden. Ich hustete, röchelte und zog ein wenig Luft durch meine Lungenflügel. Dann spuckte ich noch etwas Blut auf die Wiese. Gleichzeitig spürte ich einen Schmerz in meinem Mund. In dem Moment, als der Junge sich auf mich gesetzt hatte, hatte ich mir auf die Zunge gebissen, daher auch der blutige Auswurf.

»Was ist denn hier los?«, hörte ich die Stimme eines Lehrers aus der Ferne. Das Getuschel um mich herum verstummte. Ich setzte mich aufrecht hin und atmete tief ein und aus. Der Junge, der sich auf mich gesetzt hatte, zuckte mit den Achseln und trottete ganz langsam zu den anderen, die um mich herumstanden. Ich blickte zu meinem Lehrer hoch, der sah, wie ich auf dem Boden saß und weinte. Ich wischte mir über den Mund, und jetzt war auch auf meiner Handoberfläche Blut. Der Lehrer schaute erst mich und dann die anderen umherstehenden Kinder an. Den Jungen nahm er gar nicht wahr, und es schien auch so, als suchte er ihn nicht erst. Dann erhob er die Stimme und sagte: »So, jetzt ist aber auch gut! Die Pause ist vorbei! Geht bitte wieder in die Klassen, der Unterricht geht weiter.« Dann schaute er mich an und fragte: »Bei dir ist alles gut, oder?« Ich nickte und sagte: »Ja, ist alles gut«, während ich nur schwer Luft bekam und meine Rippen zu brennen schienen. Ich antwortete aus Reflex, nicht weil ich es wirklich glaubte. Aber ich kannte den Jungen und hatte keine Lust auf weiteren Stress. Denn morgen würde er wieder da sein. Und ich auch. Ich wollte vor den anderen nicht als Loser dastehen, als Petze, als Opfer. Deshalb nahm ich die letzten quälenden Minuten und den demütigen Fußweg zurück in die Klasse in Kauf. War halt so. Ich hatte Schmerzen in der Magengegend, und meine Zunge tat weh. Meine Freundinnen, die sich heute dafür entschieden hatten, nicht meine Freundinnen zu sein, gingen einige Meter vor mir. Es war, als wäre nichts geschehen, als wären die letzten quälenden Minuten einfach nicht passiert. Gemeinsam liefen wir alle vom Fußballplatz über den Schulhof zurück in die Klasse. Als ich mich in den Unterricht setzte, schmerzte mein Brustkorb noch immer. Meine Zunge hatte aufgehört zu bluten, aber eingetrocknetes Blut klebte an meiner Unterlippe. Ich setzte mich auf meinen Platz, und meine Klassenlehrerin betrat den Raum. Der Unterricht ging weiter. Mathe. Ich hatte Schmerzen.

Solche Situationen gab es in der Grundschule öfter. Aus Spaß wurde Ernst, aber der Ernst wurde nicht aufgearbeitet. Es »war dann eben so«. Ich war aber damals schon etwas kleiner und zierlicher, und mich belastete diese körperliche und psychische Erniedrigung sehr. Ich wurde zunehmend stiller und etwas scheuer, wenn ich die Schule betrat. Ich wusste auch manchmal nicht so recht, wem ich trauen konnte, da auch meine vermeintlichen Freundinnen sich manchmal auf die andere Seite schlugen oder mich nicht in Schutz nahmen.

Neben solchen einzelnen Aktionen, an die ich mich bis heute sehr bildhaft erinnere, gab es damals in der Grundschule aber noch eine Geschichte, die ich bis heute nicht vergessen habe und die auch den Grundstein dafür legte, dass ich mich in Schulen selten aufgehoben fühlte. Diese Geschichte ist eng an einen Jungen geknüpft, der dafür bekannt war, regelmäßig andere zu bedrohen und fertigzumachen. Dieser Junge hieß Anton. Er war von Anfang an in meiner Klasse, und es war bekannt, dass er aus schwierigen Verhältnissen kam. Nach

Schulschluss fuhr er mit der Tram in ein nahe gelegenes Heim, in dem er betreut wurde und auch übernachtete. Dieser Junge war in der Schule sehr aggressiv und nutzte die große Pause und den Schulhof, um Krawall zu machen und andere Schüler der Grundschule zu schlagen und ihnen aufzulauern.

Ein beliebtes Ziel seiner zufälligen Aggressionen und Wut-ausbrüche war ich. Ich war für eine Neunjährige damals ziemlich klein und zierlich und auch nicht sehr selbstbewusst. Das war ja auch nicht einfach, schließlich hatte ich ja schon die Erfahrung gemacht, dass sich ältere Jungs auf mich draufsetzten und meine Freundinnen mir nicht wirklich zur Seite standen.

In seinen Augen war ich also ein einfaches Opfer, das sich nicht zur Wehr setzen konnte. Und so geschah es, dass er mich in den Pausen regelmäßig schlug, an den Haaren zog und anspuckte. Ich kannte ihn überhaupt nicht, und wir hatten ja auch keinen Kontakt. Nie hatte ich mich mit ihm unterhalten, aber ich wurde, vielleicht auch, weil ich mich nicht so gut wehren konnte, zu einem seiner Lieblingsopfer. Ich hatte solche Angst vor ihm, dass ich, bevor es zur Pause klingelte, manchmal noch länger im Klassenraum sitzen blieb.

»Cheyenne, es hat zur Pause geklingelt, geh an die frische Luft!«, sagte meine Klassenlehrerin, lächelte mich im leeren Klassenzimmer an und zeigte auf die Tür.

Die hatte ja keine Ahnung, was los war. Langsam und mit gequältem Gesichtsausdruck ging ich auf den Pausenhof. Ich wusste ja, was mich hier erwartete. Auf dem Schulhof war in der Pause immer viel los. Die Kinder spielten mit dem Hüpfgummi, malten mit bunter Kreide oder sprangen mit einem Ball herum. Manche spielten auch Verstecken oder Fangen. Es war ein richtiger Tumult, wie das eben nun mal in Grundschulen ist. Als Anton sah, wie ich auf den Pausenhof kam und scheu einen Schritt vor den anderen setzte, jagte er mir hinterher.

Immer wenn ich vor ihm wegrannte, dachte die Pausenaufsicht wohl, das wäre ein Spaß. Ein Junge, der ein Mädchen jagt. Ein Fangen-Spiel. Aber für mich war das nie ein Spaß und auch nie ein Spiel. Ich hatte große Angst. Und selbst wenn Anton mir an einem Tag mal nichts tat, so war die Angst doch mein ständiger Begleiter auf dem Pausenhof.

Wenn er mich schließlich erwischt hatte, war das Prozedere fast immer das Gleiche. Der Junge zog mich in ein Gebüsch und schlug zu. Er trat nach, seine geballten Fäuste trafen mein Gesicht, und ich versuchte, mich mit Händen und Füßen zu wehren. Aber wenn ich das tat, zog er mich an den Haaren und spuckte mich an. Das tat weh und war demütigend zugleich.

Nach den ersten Attacken wurden die Lehrer auf ihn aufmerksam. Schließlich war ich ja auch nicht das einzige Opfer, auch wenn ich schon sehr im Fokus seiner Attacken stand. Er war ja bekannt dafür, ein Störenfried zu sein. Das Engagement meiner Lehrer hielt sich aber ziemlich in Grenzen. In meiner Erinnerung steht ein einzelner Lehrer mitten auf dem Pausenhof, isst einen Apfel und schaut gelangweilt durch die Gegend, während ich in einem Gebüsch liege und geschlagen werde, und kann gar nicht zwischen einem lustigen Versteckspiel und einer echten Bedrohung und echter Gewalt unterscheiden – und er hat auch nicht wirklich Interesse daran. Viel lieber will er seinen Apfel essen und eine ruhige Pause genießen.

Als andere Kinder der Pausenaufsicht schließlich sagten, was der Junge regelmäßig tat, wurde auch eingegriffen. Ich war kurz erleichtert, als ich in einer Pause mal wieder von dem Jungen ins Gebüsch gezogen und verprügelt wurde und im Hintergrund bemerkte, wie sich ein Lehrer näherte.

»Jetzt langt's aba, Anton!«, sagte er in bayrischem Akzent und griff nach dem Jungen, der von mir abließ, es sich aber nicht nehmen ließ, mich zum Abschied noch anzuspucken. Ich wischte mir meine Tränen und seine Spucke aus meinem Gesicht. Anton trottete dem Lehrer, der einen Kaffeebecher in der Hand hielt, hinterher, drehte sich aber noch zu mir um und grinste fies.

Grins nicht so blöd, dachte ich mir. Jetzt kriegst du richtig Ärger, und dann war es das. Ab jetzt würde alles besser werden. Dachte ich zumindest.

Am nächsten Tag in der Schule läutete es wieder zur Pause. Anton war wieder da und machte da weiter, wo er am Vortrag unterbrochen worden war. Wieder zerrte er mich in ein Gebüsch und schlug zu. Ich versuchte, mich zu wehren, aber es gelang mir nicht. Dann rückte wieder ein Lehrer an. Derselbe wie vom Vortag, diesmal war er genervter als am Tag davor und sagte etwas lauter: »Jetzt langt's aba, Anton.« Wieder trottete Anton dem Lehrer mit dem Kaffeebecher hinterher. Wieder drehte er sich um und grinste mich fies an. Ich spürte, wie mir der Atem stockte und ich wieder losweinte. Ich hatte das Gefühl, der Lehrer war genervt davon, dass er schon wieder seinen Kaffee nicht in Ruhe auf dem Pausenhof trinken konnte. Ich wurde einfach nicht ernst genommen. Die ganze Situation wurde nicht ernst genommen. Die Konsequenz für Anton war, dass er zum Direktor gehen und eine Strafarbeit schreiben musste. Aber das war ihm ziemlich egal. Ich weiß bis heute nicht, ob er seine Strafarbeit geschrieben hat, jedenfalls war er am nächsten Tag wieder auf dem Schulhof, und ich musste mal wieder die Flucht ergreifen. Für ihn gab es keine richtige Bestrafung, es war ihm einfach egal.

Neben diesen wirklich schlimmen körperlichen Sachen, die Anton getan hat, war es aber auch so, dass er zum Teil einfach gemein war und Kleinigkeiten durchzog, die wirklich nicht nett waren. Er versteckte liebend gern unsere Hausschuhe. Vor der Klassenzimmertür mussten wir unsere Schuhe ausziehen und in unsere mitgebrachten Hausschuhe schlüpfen. Das fand ich eigentlich immer ganz cool. Es gab mir das Gefühl, dass hier einige Regeln herrschten. Aber Anton warf nicht nur meine Schuhe, sondern auch die von anderen regelmäßig durch den Flur, sodass wir diese immer suchen durften. Aber Anton interessierte das alles herzlich wenig.

Meine Mutter bekam das natürlich mit. Sie holte mich zu diesem Zeitpunkt immer von der Schule ab und fragte sich, warum ich seit Anfang des dritten Schuljahres so schlecht gelaunt war. Missmutig nahm ich hinten auf dem Kindersitz Platz und schaute aus dem Fenster.

»Hey, Cheyenne! Erzähl doch mal, wie war es so in der Schule? Wie war der Tag?«

Aber ich hatte keine Lust, von der Schule und vom Tag zu erzählen. Weil das Einzige, was ich vom Tag behalten hatte, meistens die Erinnerung an die Pause und die Schläge und die Demütigung von Anton waren. Also schwieg ich oft oder antwortete immer nur einsilbig.

»Hm, war okay« oder »Ja, war gut«, antworte ich und schaute dann aus dem Fenster. Nachdem sie mich eines Tages wieder von der Schule abgeholt und ich mal wieder ihre Frage nach dem Schultag mit »Hmm, ja, war gut« beantwortet hatte, lenkte sie den Wagen in eine Parkbucht unweit meiner Grundschule, drehte sich zu mir nach hinten um, sah mir tief in die Augen und sagte ganz ruhig: »Hör mal, Cheyenne. So geht das nicht weiter. Ich spüre doch, dass dich da irgendetwas bedrückt. Das geht doch schon seit ein paar Tagen so. Jetzt tu mir bitte den Gefallen und sag, was los ist. Du darfst es mir sagen. Es ist okay. Oder …«, sie fragte weiter, »hast du etwa Unsinn gebaut?«

Ich erschrak. Das hatte ich natürlich nicht. Also fing ich an zu erzählen. Ich berichtete von Anton und seinen Bedrohungen und von dem, was passiert war, und ließ kein Detail aus. Auch von der Angst, die ich manchmal hatte, zur Schule zu gehen, erzählte ich ihr. Auf einmal fügte sich Mamas Bild in ihrem Kopf, denn sie ahnte, dass da etwas in mir brodelte. Jetzt wusste sie, was Sache war.

»Und deine Lehrer«, fragte Mama, »sagen die nichts dazu? Was machen die denn?«

Ich zuckte mit den Achseln. »Also er musste zum Direktor und eine Strafarbeit schreiben, glaube ich.«

Meine Mama schüttelte fassungslos den Kopf. »Das darf doch nicht wahr sein!«, sagte sie, und wir fuhren weiter nach Hause. Kurz war ich unsicher, was jetzt passieren würde, und stand etwas neben mir. Meine Mutter aber reagierte pragmatisch, telefonierte mit der Schule und sagte, was Sache sei. Sie bat darum, auf mich aufzupassen, doch es passierte nichts. Das Ganze ging wieder von vorn los.

Anton wartete, und ich wurde drangsaliert. Meine Mutter fuhr auch persönlich zur Schule und sprach vor, aber auch das half nichts. Der Junge wurde nicht bestraft, und es gab kein klärendes Gespräch oder Ähnliches. Wenn er auf frischer Tat ertappt wurde, musste er nachsitzen oder eine Strafarbeit schreiben. Mehr nicht. An seinem Verhalten änderte er nichts, wieso auch? Die Zusatzaufgaben interessierten ihn nicht, und es schien ihm egal zu sein, bei etwas Unrechtem erwischt zu werden. Heute weiß ich, dass meine Mutter dieses Nicht-Handeln vonseiten der Schule wahrscheinlich an den Rand des Wahnsinns getrieben hat. Aber das muss man sich auch einmal vorstellen. Ihre Tochter wird quasi vor ihren Augen gemobbt und bedroht, und die Lehrer reagieren nicht. Ich bin mir sicher, das bereitete ihr damals viele schlaflose Nächte.

Einige Tage nachdem ein weiteres Gespräch mit den Lehrern zu keinem Ergebnis geführt hatte, holte sie mich wieder von der Schule ab. Es lief wie immer. Mal waren die Quälereien ausgeprägter, mal wurde ich in Ruhe gelassen. Am heutigen Tag war es wieder schlimm gewesen. Ich schwieg und schaute aus dem Fenster. Ich spürte eine tiefe Traurigkeit in mir und hatte resigniert. Ich hatte keine Lust, über den Tag zu reden, auch wenn meine Mama mich danach fragte. Das hier, so dachte ich, wird jetzt erst mal der Normalzustand sein. Vielleicht wird es ja besser, wenn ich die Schule abschließe, vielleicht aber auch nicht. Das war jetzt eben so.

Nach einigen Minuten hielten wir an einer roten Ampel. Vor der Ampel befand sich eine Tramstation. Ein einziger Junge stand dort und wartete auf die nächste Tram. Ich erkannte ihn sofort. Es war Anton. Ich zuckte zusammen, weil ich direkt wieder Bilder davon im Kopf hatte, wie er mich schlug und anspuckte. Ich rutschte etwas den Sitz hinunter und stieß einen leisen Schrei aus.

»Was ist?«, fragte meine Mutter und drehte sich um.

Ich sah sie an und ihre starken Augen gaben mir plötzlich Mut. »Das ist er!«, sagte ich und schaute nach vorn. »Da ist er!« Ich zeigte auf Anton, der an der Tramstation wartete.

»Okay«, sagte meine Mama.

Als die Ampel auf Grün schaltete, fuhr sie rechts ran und hielt an einer Busspur direkt neben der Station. Sie aktivierte das Warnblinklicht im Auto, löste ihren Gurt und meinte: »Okay, Cheyenne, du kannst hier sitzen bleiben oder mitkommen, mir ist es egal, aber ich kläre das jetzt.«

Diese Worte meiner Mutter gaben mir Kraft. Sie wollte sich kümmern. Als wir uns der Tramstation näherten, fuhr die Bahn gerade ein. Die Tür öffnete sich, Anton stand vorn und wollte gerade einsteigen, aber da kam Mama auf ihn zu. Die Tür stand noch offen, aber als der Tramfahrer sah, dass Mama zu Anton ging, machte er die Tür zu und ließ ihn nicht rein. Er schaute aus dem Fahrerhäuschen zu Mama, und es war klar, dass selbst der Tramfahrer den Jungen kannte. Er schien sogar hier Mist gebaut zu haben.

»Hi, ich bin die Mutter von Cheyenne«, sagte Mama direkt. »Ich glaub, ich habe mal was mit dir zu klären. Also, ich würde sagen, du gehst zu weit. Denn das möchtest du auch nicht, dass einer mit dir so umspringt, wie du es mit den anderen Kindern tust. Und deshalb will ich dich bitten, meine Tochter in Ruhe zu lassen. Und auch alle anderen Schwächeren in der Schule. Denn jetzt stehe ich hier, und ich bin größer als du.«

Mama machte eine Pause. In dieser Pause, in der eigentlich nichts geschah, passierte eine ganze Menge. Ich spürte, wie Anton kleiner wurde. Auf einmal wirkte er gar nicht mehr so bedrohlich. Er schaute geradeaus. Sein Mund stand offen. Hatte er etwa Schiss?

»Und ich glaube, ich könnte dir jetzt eine richtige Ansage verpassen. Ich denke aber, dass du ein intelligenter Junge bist, und ich vertraue darauf, dass du mich verstehst und auch weißt, dass du Mist gebaut hast, dass du zu aggressiv vorgehst. Und wenn du ein Problem hast: Ich bin jeden Tag an der Schule und hole meine Tochter ab. Komm zu mir, rede mit mir, wenn du etwas klären willst. Dann kann ich dir vielleicht helfen.« Mama lächelte.

Anton sagte nichts.

Er dachte wahrscheinlich, dass meine Mama ihn jetzt packen und anbrüllen würde, aber das Gegenteil war der Fall. Mama war nett, aber deutlich und zollte ihm den Respekt, den er von anderen nicht bekam.

Meine Mutter nickte und ging wieder nach vorn zum Tramfahrer, reckte den Daumen hoch und sagte: »Alles klar, Sie können weiterfahren.«

Die Tür schloss sich, die Tram fuhr weiter, und wir gingen zurück zum Auto.

»So«, sagte sie und setzte sich hinters Steuer, »das wäre jetzt erst mal erledigt.«

Diese Aktion an der Tramstation war wie eine Art Befreiungsschlag für mich. Ich hatte das Gefühl, jetzt passierte da wirklich etwas. Ich glaube, Anton war eingeschüchtert vom Auftritt meiner Mama. Bis dahin hatte er sich sicher gefühlt. Bei den Lehrern wusste er ja, dass nie etwas passierte und er mit seinem Mobbing und seinen tätlichen Angriffen mir gegenüber durchkam. Oder anders gesagt: Er konnte sich eben darauf einstellen. Der Ablauf war immer derselbe. Er wurde ins Lehrerzimmer geholt, bekam Ärger, musste im schlimmsten Fall eine Strafarbeit schreiben, die er sowieso nicht schrieb, und am nächsten Tag ging es dann weiter. Er fürchtete die Konsequenzen nicht, weil er damit rechnete und sie fest einplante. Dass meine Mama irgendwann auftauchen und ihn zur Rede stellen würde, damit hatte er sicher nicht gerechnet. Und vielleicht hatte diese Aktion ihm auch erstmalig einen Spiegel vorgehalten, und er dachte darüber nach, was er falsch gemacht hatte. Vielleicht nicht direkt, sondern einige Stunden später, als er sich von dem Schock erholt hatte, dass eine erwachsene Frau, meine Mutter, ihn abgepasst hatte.

Wenn ich jetzt so darüber nachdenke, glaube ich, dass meine Mama ihm damals einfach ein Stück Lebensrealität gezeigt und ihm beigebracht hat, dass alles, was er tut, eine Auswirkung und eine Konsequenz hat. Von sich aus wäre ihm das sicherlich nicht aufgefallen, und die Lehrer hatten auch kein Interesse bewiesen, ihn hierüber aufzuklären. Und das ist ja die eigentliche Tragik. Ich meine, sicherlich war Anton nicht nett zu mir und zu anderen, aber dadurch, dass ihn keiner auf sein Verhalten hinwies, gab es eben auch keine Möglichkeit zur Einsicht. Ihm machte es ja Spaß, andere zu mobben und fertigzumachen, und er verstand einfach nicht, dass er mit seinem Verhalten andere verletzte. Dadurch, dass meine Mutter ihm so eine Ansage gemacht hatte, wurde ihm das, zumindest kurzfristig, klar.

Bestimmt war die Aktion von meiner Mutter pädagogisch auch nicht ganz korrekt, aber was hätte sie denn machen sollen? Von den Lehrern war wenig gekommen, und eigentlich hat sie ihm ja auch nichts getan, außer mit ihm zu sprechen. Sie hatte ihn nur spüren lassen, dass ich nicht allein war und er mich nicht einfach so behandeln konnte. Es war die letzte Möglichkeit gewesen, die Mama nach all den Wochen und Monaten, in denen sie die Schule angerufen hatte und sogar hingefahren war, gesehen hatte, und die einzige Maßnahme, die wirklich langfristig etwas bewegt hatte.

Die ersten Schulwechsel und der Sitzkreis

Am Anfang meines vierten Schuljahres zog ich mit meiner Mama schließlich nach Berlin. Ich freute mich sehr auf die Stadt, die ich schon ein wenig kannte, weil Mama beruflich öfter dort war und mich immer mitgenommen hatte – außerdem hatten wir damals schon öfter Wilson dort besucht. Der Umzug nach Berlin war auch mit meine Entscheidung gewesen, denn als meine Mama mich eines Tages fragte: »Mensch, Cheyenne, wo würdest du denn gern wohnen?«, antworte ich ohne Umschweife: »Berlin.« Für mich war das alles ein großes Abenteuer und der Startschuss in ein neues Leben.

Mein erster Schulwechsel stand an, und ich besuchte eine Waldorfschule. Und auch wenn ich kurz dachte, hier würde es besser laufen: weit gefehlt. Das lag vielleicht auch an den Umständen. Das Konzept der Waldorfschule passte einfach nicht wirklich zu mir. Wir Schüler durften dort keine bunten Farben tragen … und kein Glitzer, außerdem keine Kleidungsstücke mit »schwierigen« Motiven. Schon damals interessierte ich mich, wahrscheinlich auch beeinflusst durch meine Mama, für Mode und fand es spannend und cool, mich zurechtzumachen und neue Klamotten auszuprobieren. Und mit etwa zehn Jahren hatte ich eine kurze Totenkopf-Phase. Ich mochte einfach Anziehsachen, auf denen ein Totenkopf darauf war, aber in der Schule wurde mir sehr schnell klargemacht, dass das hier nicht gestattet war. Mürrisch passte ich mich zunächst an, aber nach einigen Wochen langweilten mich die immer gleichen dunklen farblosen Sachen, in denen ich mich nicht wohlfühlte.

Irgendwann reichte es mir, und aus Trotz zog ich eines Tages also ein Sweatshirt mit hellem Glitzer und Totenkopf an. Zudem zog ich mir einen schwarzen Eyeliner über meine Augenbrauen. Ich wollte mich schön fühlen und mich ausdrücken und den anderen zeigen, dass ich mir etwas ausgesucht hatte, was mir gefiel. Aber als ich so in die Klasse kam, stellte mich meine Lehrerin zur Rede, und ich bekam Ärger. So rumzulaufen, wie ich es damals getan habe, war einfach ein No-Go. Jedenfalls wurde mir das so gesagt.

In der Schule herrschte eine seltsame Stimmung. Es gab keinen richtigen Teamspirit. Ich hatte auch vermehrt das Gefühl, dass die meisten Lehrer sich untereinander nicht wirklich mochten und die Lehrer den Kindern auch egal waren. Zudem passten die Waldorfschule und ich nicht wirklich zusammen. Jeden Mittwoch gab es kaltes Müsli, und ich lernte, meinen Namen zu tanzen. Das war nicht wirklich bereichernd oder inspirierend. Im Gegensatz zu den Erfahrungen davor kann ich aber nicht sagen, dass es hier einen einzelnen Schüler gab, der mich aggressiv und regelmäßig mobbte. Hier gab es keinen Anton.

Vielmehr spürte ich aber eine Kälte, die durch die Flure zog. Es gab von keiner Seite irgendeinen Plan, mich in die Schul- oder Klassengemeinschaft zu integrieren. Immerhin kam ich aus einer anderen Schule und einer anderen Stadt. Das muss man sich einmal vorstellen: Ich war die Neue. Aber für die Lehrer war ich eben einfach da, und auch wenn es eine Waldorfschule war und das Konzept »Denken, Fühlen und Wollen« unterrichtet und neben fachlichen Kenntnissen auch praktische, soziale und künstlerische Werte vermittelt werden sollten, wachte ich jeden Morgen mit einem schlechten Gefühl in meiner Magengegend auf, betrat die Schule mit einem schlechten Gefühl und ging mit einem schlechten Gefühl wieder nach Hause.

Anderthalb Jahre schleppte ich mich so durch die Schule. Für mich und meine Mutter stand schließlich fest, dass es so nicht weitergehen konnte. Schließlich nahm sie mich runter, und ich wechselte 2015 auf eine neue Schule.

An den ersten Tag dort kann ich mich bis heute noch sehr gut erinnern. Die Schule, auf die ich wechselte, war eine Grundschule, die bis zur sechsten Klasse ging. Ich wechselte zur fünften und wollte danach entscheiden, wie es weiterging. An meinem ersten Schultag trug ich eine graue Jogginghose. Nicht aus Gemütlichkeit oder aus Style-Gründen. Nein, eher zum Schutz vor den Blicken der anderen. Die Sache ist nämlich: Seit ich zurückdenken kann, wurde mir von Außenstehenden gesagt, ich sei zu dünn. Viel zu dünn. Und weil ich schon damals diese Sprüche nicht mehr hören konnte, zog ich eine graue Jogginghose an. Damit, so dachte ich zumindest, konnten die anderen Schüler nicht sehen, dass ich dünne Beine hatte. Ich wollte mich verschleiern und bloß nicht auffallen.

Wenn ich heute daran zurückdenke, ist es schon seltsam, denn bevor ich irgendjemanden kennenlernte, war in meinem

Gehirn schon direkt abgespeichert: Okay, die anderen Kinder werden dich gleich sehen, mustern und dann feststellen, dass du zu dünn bist. Tu irgendwas dagegen. Irgendwas!

Als ich in das Klassenzimmer kam, hatte ich sofort das Gefühl, alle würden mich anschauen. Aber vielleicht bildete ich mir das auch nur ein. Die Stühle waren zu einem Sitzkreis angeordnet, und in der Mitte stand ein einzelner Stuhl.

»Schön, dass ihr alle da seid«, sagte meine Klassenlehrerin, klatschte in die Hände und sah sich lächelnd im Raum um. Da standen wir nun. Zwanzig Fünftklässler an dieser neuen Schule in Berlin. Für viele war es wahrscheinlich der erste Schulwechsel, für mich bereits der zweite. Aber ich wollte mir nichts anmerken lassen. Vielleicht, so dachte ich es mir, würde ja jetzt alles einfacher und unkomplizierter werden. Ich war eine ganz normale Schülerin, eine von vielen. Hier würde ich vielleicht das erste Mal richtige Freunde finden. Das war nämlich noch so eine Sache, die ich bisher nicht wirklich gefunden hatte. Echte Freunde.

»Wie ihr seht, habe ich hier schon mal einen kleinen Stuhlkreis vorbereitet. Und weil wir uns noch nicht kennen, würde ich sagen, ihr stellt euch hier mal den anderen vor und dann dürfen Fragen gestellt werden. Cheyenne?«

Die Stimme der Klassenlehrerin riss mich aus meinen Gedanken. Woher kannte sie überhaupt meinen Namen? Sie lächelte mich an. »Wie wäre es, wenn du damit anfängst, dich vorzustellen?« Es folgte eine kurze Pause, in der die Lehrerin grinste und kicherte. »Na ja«, setzte sie wieder an und kicherte weiter. Dann fuhr sie lachend mit ihrem Satz fort: »Na ja, wobei, eigentlich kennen wir dich doch alle. Du bist ja hier unser kleiner Star, oder? Bei ›Die wilden Kerle 2‹ hast du doch auch schon mit deinen Brüdern mitgespielt. Das wissen wir doch alle hier!«, sagte sie und drehte sich nickend im Raum um. Ich war mir unsicher und rührte mich nicht. Worum ging es hier? Die Lehrerin trat an mich heran und sprach weiter: »Na, dann setz dich doch mal auf den Stuhl, ich bin mir sicher, hier haben alle eine Menge Fragen an dich!« Sie zwinkerte mir zu und deutete auf den Stuhl in der Mitte. Wie in Zeitlupe und unter den Augen der anderen ging ich wie ein Roboter auf den Stuhl in der Mitte zu und setzte mich. Um mich herum versammelten sich die anderen Schüler und nahmen Platz.

Was dann folgte, war eine fünfundvierzigminütige Fragerunde über mich und meine Brüder. Vor allem über meine Brüder Jimi und Wilson, die gerade mit der »Wilde-Kerle«-Kinofilm-Reihe einen enormen Erfolg hatten. Die erste Frage kam von einem Mädchen, die sich hektisch meldete.

»Ja, bitte, dann fang du doch an«, sagte die Lehrerin und bestärkte sie. Das Mädchen verschluckte sich fast, so aufgeregt war sie. »Wie geht es Jimi?«

Ich zuckte mit den Schultern. »Gut.«

Dann die nächste Frage, diesmal von einem Jungen. Er schnipste mit den Fingern, und als er drangenommen wurde, rief er laut: »Wie ist das, wenn man berühmt ist?«

»Weiß ich nicht«, antwortete ich, zuckte mit den Schultern und wollte im Boden versinken. Ich wusste es wirklich nicht. Ich war ja nicht berühmt. Ich war einfach nur eine Fünftklässlerin, die ihren ersten Schultag genießen wollte, aber das hatte sich jetzt bereits erledigt. Ich blickte mich um, sah die sich meldenden Schüler, die irgendetwas fragen wollten, und die Lehrerin, die jeden Einzelnen drannahm und gar nicht bemerkte, dass sie mich wie ein Zootier vorführte.

So nahm die Fragerei ihren Lauf. Die gesamte Stunde lang. Erst ging es um meine Brüder, meine Eltern und dann wieder um meine Brüder. Die anderen Kinder fragten, wo ich wohnte, was ich gefrühstückt hatte, ob ich ein Autogramm von Jimi organisieren konnte, ob Wilson eine Freundin hatte und wie es meinen Eltern ging. All das musste ich beantworten. Ich kam mir vor wie auf einem Präsentierteller. Mit jeder Frage wurde ich trauriger und ruhiger und mein Blick wandte sich mehr und mehr dem geschlossenen Fenster zu. Meine Stimme senkte sich. Ich spürte, dass jede Frage, die aus dem Klassenraum kam, zwar an mich adressiert war, aber mich nicht meinte. Niemand hier wollte mich kennenlernen. Es ging nur um meine Familie, und ich verstand noch nicht so recht, warum. Das hier sollte doch mein Neustart werden. Ich hatte versucht, die schwierigen, schmerzhaften Erfahrungen der letzten Jahre hinter mir zu lassen, und jetzt saß ich hier im Raum und wurde mit Fragen gelöchert, die nichts mit mir zu tun hatten. Mit jeder Frage schwand in mir die Kraft zu antworten, und ich traute mich nicht zu fragen, ob nicht gleich vielleicht mal jemand anderes dran sei. Denn eigentlich wollte ich doch auch die anderen kennenlernen. Ich wollte Freunde finden und mich einer Klassengemeinschaft anschließen. Einfach ganz normal Zeit mit den anderen Kindern verbringen, spielen und lernen. Aber scheinbar war ich die Einzige, die das wollte. Wie benommen schaute ich auf die Uhr, die über dem Eingang der Klasse aufgehängt worden war, und betete, dass das alles hier bald enden würde. Dann die Erlösung. Es gongte zur Pause. Ich stand vom Stuhl auf. Ich war frei. Dieser Gong war befreiend.

»Alles klar, das war es. Jetzt bekommt ihr euren Stundenplan, und dann sehen wir uns morgen wieder«, sagte meine Klassenlehrerin freudestrahlend unter dem Gejubel der anderen Schüler, die alle ihre Stundenpläne vom Pult abholten und nach draußen stürmten.

Müde und traurig ging ich ans Pult und holte meinen Stundenplan ab. »Schön, dass du da bist, Cheyenne«, sagte die Lehrerin und lächelte mich noch an und setzte nach: »Das ist so toll und wertvoll, was wir alles heute von dir erfahren haben!«

Ich versuchte gar nicht erst zurückzulächeln. Ja. Für sie war es vielleicht schön, dass ich da war. Und dass sie etwas von mir oder von meiner Familie erfahren hatte. Sie konnte im Lehrerzimmer wahrscheinlich erzählen, dass »die von den Ochsenknechts« jetzt bei ihr in der Klasse war. Oder ihren Freunden und ihrem Mann. Aber was war denn mit mir? Schön, dass ich da war? Sie wusste doch überhaupt nichts von mir, und kennengelernt hatte ich auch niemanden. Und die anderen hatten ja auch mich nicht wirklich kennengelernt. Es war doch nur darum gegangen, sich ein Bild von mir mit nach Hause zu nehmen.

Ich war dort inmitten unter diesen Schülern und der Lehrerin gesessen, aber war gar kein richtiger Mensch gewesen, sondern einfach nur ein Name und ein sprechendes Lexikon für private Fragen. Die anderen hatten sich kein Bild von mir gemacht, sondern nur das Bild, das sie bereits von mir hatten, durch meine Aussagen ergänzen lassen. Und ich hatte schon jetzt das Gefühl, ich würde dieses Bild von mir zu keinem Zeitpunkt korrigieren oder geraderücken können.

Als mich meine Mama nach meinem ersten Schultag abholte, war das seltsam. Es war mein erster Schultag, und eigentlich sollte es ein guter, freudiger Tag werden. Ich hatte mich darauf eingestellt, dass heute alles gut werden würde, aber es war überhaupt nichts gut. Ich hatte das Gefühl, niemand hatte mich wirklich kennenlernen wollen, sondern nur eine Hülle – die Person in der Öffentlichkeit. Die Cheyenne, deren Brüder gerade einen Kinofilm gedreht hatten. Es war nicht um mich gegangen.

Viele Menschen wissen nicht, was es heißt, seit jeher, ob gewollt oder ungewollt, in der Öffentlichkeit zu stehen. Die meisten glauben wahrscheinlich, dass es doch toll sein muss. Aber wieso sollte es das sein? Ich hatte zu keinem Zeitpunkt die Möglichkeit, mich und meine Persönlichkeit vorzustellen. Mir wurde das Image der Öffentlichkeit aufgedrückt, und das war jetzt eben meine Rolle. Während die anderen Kinder eben normale Kinder waren, war ich halt »die da von den Ochsenknechts«, obwohl ich gerade einmal elf Jahre alt war und mein eigenes Leben noch vor mir hatte. So musste ich früh lernen, damit umzugehen, dass ich anscheinend eine Art Sonderling war. Und das lernte ich mit aller Brutalität an diesem ersten Schultag an meiner neuen Schule, an dem ich eigentlich dachte, dass hier alles einfacher und besser werden würde.

Trotzdem, und das will ich auch unbedingt betonen, habe ich meine Kindheit sehr geliebt. Meine Eltern haben mich auch immer sehr gut erzogen und beschützt, aber so etwas wie intensive Freundschaften hatte ich als Kind nicht wirklich. Und nach dem ersten Schultag an der neuen Schule, an dem ich insgeheim gehofft hatte, dass es jetzt vielleicht besser werden würde, war mir klar, dass ich auch hier keine Freunde fürs Leben finden würde.

Viele meiner heutigen Freundinnen und Freunde erzählen mir, dass sie ihre längsten Freunde schon seit der Grundschule oder noch früher kennen. Manche sogar aus dem Kindergarten. Ich kann bei solchen Gesprächen nicht mitreden, denn so was hatte ich nie. Gerade in jungen Jahren war das für mich alles andere als einfach. Später fand ich ein paar Freunde und Freundinnen. Allerdings musste ich hier auch relativ früh klarmachen, dass es eine Sache gab, über die ich sehr ungern sprechen wollte: meine Familie.

Meine Freunde akzeptierten das, und es war auch für sie in Ordnung, aber ein seltsames Gefühl blieb immer. So eine Ansage ist ja auch nicht unbedingt üblich, wenn man sich gerade kennenlernt: »Hey, ich bin Cheyenne, und es wäre cool, wenn wir nicht so viel über meine Eltern oder meine Brüder reden würden, okay?« Das klingt ja wirklich nicht sehr einladend, aber es war ein Selbstschutz. Dass das notwendig war, merkte ich, wenn ich mich mit mehreren noch Unbekannten verabredete und eine Person dabei war, die mich anstarrte. So fing es immer an. Und nachdem ich stundenlang schweigend angestarrt und beobachtet worden war, hieß es plötzlich wie aus dem Nichts: »Du bist die Ochsenknecht, oder? Wie geht es Jimi?!! Wann kommt sein neuer Film? Ich liebe ›Die Wilden Kerle‹ ja TOOOOTAL!!!«

Das tat mir nicht deshalb weh, weil ich den damaligen Kinoerfolg meiner Brüder nicht cool fand – im Gegenteil, ich bin nach wie vor mächtig stolz auf sie und auf das, was sie so früh schon geleistet hatten, aber es ging ja in dem Moment wieder nicht um mich. Ich war lediglich eine lebende Verbindung zu meinen Geschwistern, die zu diesem Zeitpunkt gerade in der BRAVO abgebildet waren und deren Kinofilm viele kannten. Keine leichte Ausgangslage, um »echte« Freunde zu finden.

SCHULZEIT IN BERLIN UND ABSCHLUSS

Cheyenne Ochsenknecht

Ich blickte aus dem mit Graffiti überzogenen U-Bahn-Fenster nach draußen. Mittlerweile war es Herbst geworden und die Stadt zog an mir vorbei. Wie jeden Tag fuhr ich mit der U2 den Ku'damm entlang, Richtung Olympiastadion. Um 7:22 Uhr nahm ich die U-Bahn, und zehn Minuten später war ich schließlich da: an meiner neuen Schule am Schloss Charlottenburg. Hier ging ich jetzt seit einigen Monaten in die siebte Klasse. Ich hörte Musik, während ich U-Bahn fuhr, so, wie immer. Amerikanischen Hip-Hop. Von der Geräuschkulisse um mich herum bekam ich nicht viel mit. Vielmehr war ich mit meinen eigenen Gedanken beschäftigt. Es war seltsam. Die wirklich schlimmen Mobbingerfahrungen lagen schon etwas länger zurück, aber ich musste immer noch an den Schmerz in meiner Brust denken, als dieser Junge aus München sich einfach auf mich gesetzt und das Grün der Wiese sich rot gefärbt hatte. Damals in der Grundschule. Ein schreckliches Bild, das ich nicht aus meinem Kopf kriegte. Ich zuckte innerlich zusammen. Noch vor einigen Minuten war ich am Gleis gestanden und hatte überlegt, ob ich mich nicht einfach *vor* die U-Bahn stellen sollte. Einfach das Gleisbett hinunterhüpfen und warten, was passiert. Wenn die U-Bahn dann eingefahren wäre, dann wäre es eben vorbei gewesen für mich. Wirklich ausgeführt hatte ich diesen Gedanken aber nie – zu sehr hatte ich an meine Familie und meine Freunde gedacht. Das Bremsen des Zuges weckte mich aus meinem kurzen Tagtraum. Die nächste Haltstelle: Zoologischer Garten. Die metallenen Türen gingen zischend auf und die Menschen strömten herein. Die meisten trugen warme Mäntel und lange Jacken. Ich atmete tief ein und aus und richtete meinen Blick wieder aus dem Fenster. Mir war irgendwie auch kalt – nur eben innerlich. Während *Drake* durch meine Kopfhörer hindurchrappte und ich unwillkürlich mit dem Kopf nickte, kam auf einmal alles wieder hoch. Wie eine dunkle Wolke schoben sich meine Gedanken der Vergangenheit vor das U-Bahn-Fenster, durch das ich hinausschaute, und versperrten die Sicht nach draußen. Es waren keine konkreten Bilder, die sich in meinem Kopf manifestierten, sondern eher einzelne verschwommene Gedankenfetzen. Die Mobbingattacken aus der Vergangenheit, die Trennung meiner Eltern. All das vermischte sich zu einem seltsamen Brei, der mich nicht mehr klar denken ließ. Ich weiß selbst nicht, was mit mir los war, denn eigentlich sollte ich zufrieden sein.

Diese neue Schule am Schloss Charlottenburg war in Ordnung. Hier wurde ich in Ruhe gelassen. Immerhin. Trotzdem war ich unglücklich und ich wusste nicht recht, wieso. Wie konnte das sein? Die dunklen Wolken schoben sich wieder vor mein inneres Auge und erschwerten mir die Sicht. Ich sollte doch eigentlich zufrieden sein. Aber ich war es nicht. Was war nur los mit mir?

Ich verließ die U-Bahn, erreichte das große Schulgebäude und wartete noch ein wenig, bevor ich hineinging. Mit gemischten Gefühlen, von denen ich gar nicht so recht wusste, wo sie eigentlich herkamen.

Als ich dorthin gewechselt war, hatte sich schon ein Stück Nüchternheit eingestellt. Ich war älter und war bereits mit dem Gedanken in die Schule gegangen, dass sich hier eh nichts ändern würde, Spott und Häme mich begleiten würden. Warum auch immer.

Ich fühlte mich eingeschränkt und stand ständig unter Beobachtung, und alle Erlebnisse, die ich vorher gemacht hatte, waren zum größten Teil negativ. Ich schlief nachts sehr schlecht und konnte mich außer bei meiner Mutter bei kaum jemandem emotional öffnen. Einen richtigen Freundeskreis hatte ich zu diesem Zeitpunkt auch nicht, und ich wusste auch gar nicht, wie ich jetzt mit den anderen umgehen sollte, denn ich war immer noch ein Sonderfall und eher so etwas wie ein sprechendes Ochsenknecht-Lexikon für alle, die gerade eine Information brauchten.

Aber abseits der Schule fing ich an, eigene Interessen zu entwickeln. Ich befasste mich mit Mode, las Fachzeitschriften und fing an, selbst zu zeichnen und Röcke und Kleider aus Spaß zu designen. Als meine Mutter das mitbekam, nahm sie mich 2010 mit auf die Fashion Week. Ich war zwar noch sehr jung, aber hellauf begeistert von den schönen Kleidern, den kreativen Designern und der generellen Stimmung bei solchen Events. Hier, so hatte ich damals das Gefühl, waren alle Individualisten wie ich. Hier waren die Menschen irgendwie unangepasst und machten einfach ihr Ding. Wer besonders war, fiel auf, nicht derjenige, der am besten ins System passte. Ich hatte das Gefühl, in der Fashion- und Modewelt genau das gefunden zu haben, was ich in der Schule immer vermisst hatte. Das Gefühl, zu einer Gruppe zu gehören, in der alle aber irgendwie individuell und einzigartig waren. Ich wollte nicht mit der Masse schwimmen, ich wollte nicht so sein, wie andere mich gern gehabt hätten, ich hatte meine eigenen Gedanken zu Styles und Outfits, zu Looks und Mode. Aber vor allem die Waldorfschule in Berlin hatte dazu geführt, dass diese Gedanken direkt bewertet wurden. Der einheitliche Klamottenstyle, das Gefühl, einfach nur Teil einer Klasse zu sein, ohne als einzelne Person betrachtet zu werden – das fand ich schwierig.

Nach dem ersten Ausflug zur Fashion Week mit meiner Mutter wechselte ich mein Mindset. Ich machte jetzt mein Ding und saß oft mit Modezeitschriften auf der Tischtennisplatte des Pausenhofs und las, während die anderen spielten oder sich unterhielten. Klar spürte ich die Blicke der anderen, aber das war mir jetzt auch schon egal. Ich wusste, dass ich die Schule nicht mehr brauchte. Nicht weil ich etwa glaubte, Bildung sei falsch – ganz im Gegenteil. Aber ich hatte das Gefühl, für meinen weiteren Werdegang war die Schule einfach nicht mehr wichtig. Sie legte mir mehr Steine in den Weg, als dass sie mir neue Türen öffnen konnte.

Das spürte ich vor allem, als ich ungefähr in der neunten Klasse war. Wir hatten »Wirtschaft, Arbeit, Technik«. Kurz »WAT«. Hier sollte uns klargemacht werden, was für einen Beruf wir später ausüben wollten. Mir war allerdings, vor allem, nachdem ich mit Mama viel unterwegs gewesen war und sich auch schon in der Waldorfschule herauskristallisiert hatte, dass ich viel lieber kreativ war, ziemlich schnell deutlich geworden, dass ich Model werden wollte. Aber im »WAT«-Unterricht zählten meine Interessen relativ wenig. Vielmehr sollte ich aufschreiben, welchen Beruf ich ausüben wollte – und bekam einen entsprechenden Katalog mitgeliefert, in dem verschiedene Ausbildungsberufe aufgelistet waren. Dieser Katalog führte zu einigen Gesprächen mit Lehrern, denn Model stand dort nicht drin. Ich sagte also meiner Klassenlehrerin, dass das Angebot zwar nett sei, aber ich hier nichts raussuchen wollte, denn ich würde gern Model werden.

Damit hatte ich etwas losgetreten.

»Cheyenne, es geht um deine Zukunft!«, wurde mir unmissverständlich gesagt. Meine Klassenlehrerin meinte auch so etwas wie: »Cheyenne, das ist kein Weg! Du musst eine Ausbildung machen – wie willst du sonst Geld verdienen?« Schließlich gab ich nach, suchte mir aus dem Katalog den Ausbildungsberuf Friseurin aus und schrieb einen Aufsatz darüber, warum ich gern Friseurin werden wollte. Aber auch das wurde nicht akzeptiert, vielleicht auch, weil meine Klassenlehrerin sah, dass ich das nicht so richtig ernst meinte. Sie sprach mich nach dem Unterricht auf meinen Aufsatz an: »Cheyenne, hör mal. Das kannst du nicht so machen!« Ich entgegnete: »Ja, aber ich habe doch schon öfter gesagt, was ich gern machen will. Ich möchte Model werden. Aber da das in diesem Katalog nicht steht, habe ich was zum Thema Friseur geschrieben. Ist doch in Ordnung, oder nicht?« Meine Lehrerin lächelte nur milde. Von wegen ernst nehmen. Sie nahm mich ja am allerwenigstens ernst. »Aber das geht nicht so einfach«, entgegnete sie und wedelte mit meinem Aufsatz über meinem Kopf herum. »Doch«, sagte ich und verschränkte die Arme. »Ich gehe nach Paris und werde dort Model.«

Nachdem die Fronten hier einigermaßen geklärt waren, wurde das Klima in der Schule schwieriger. Meine Lehrer sahen ein, dass ich keinen Beruf aus dem Katalog ergreifen wollte, und schließlich rückte meine Abschlussprüfung näher. Nach meiner mündlichen Prüfung wurde mir mitgeteilt, dass

ich einen Punkt zu wenig in Mathe hätte. Für den Realschul-
abschluss würde das nicht reichen. Ich bat also darum, in die
Nachprüfung gehen zu können. Einen einzelnen Punkt würde
ich sehr einfach ausbügeln können – und auch die anderen
Schüler waren in die Nachprüfung gegangen. Das Lehrerko-
mitee sah mich nach meiner Bitte aber schweigend an. Schließlich erhob ein Lehrer das Wort und sagte dann das, was alle
anderen dachten: »Na ja«, er schaute erst seine Kollegen und
dann mich an, dann räusperte er sich und lehnte sich etwas
nach vorn, »seien wir mal ehrlich. Du hast ja sowieso wenige
Ambitionen, eine Berufsausbildung zu machen.« Dann sah er
zu den anderen Lehrern, die steif auf ihren Stühlen saßen, als
würde er Bestätigung für das suchen, was er als Nächstes sagte:
»Also auch wegen deines Namens und so was.«

Ich schluckte. Das konnte er doch nicht ernst meinen? War
ich jetzt durch die Schule gegangen, um mir das hier abzu-
holen? Ich sagte nichts, also sprach der Lehrer einfach weiter.

»Du hast ja auch gesagt, dass du Model werden willst, zumindest ist das das, was vom Pausenhof zum Kollegium her-
überdringt ...«

Ich konnte nicht glauben, was ich da hörte. Meine gesamte
schulische Karriere war mir meine Familie übergestülpt worden, und jetzt wurde meine Schullaufbahn auch mit diesem
»Argument«, das niemals von mir gekommen war, beendet –
während ich hier fragen wollte, ob ich in die Nachprüfung
gehen konnte. Ich war weder gefördert noch auf meine Fähigkeiten angesprochen worden. Und diese Szenerie war die
Krönung. »Alles klar«, sagte ich und lächelte. Dann stand ich
vom Stuhl auf und ging direkt zur Tür. Bevor ich rausging,
drehte ich mich noch einmal um und sah meinen Lehrern in
die Augen. »Dann wünsche ich Ihnen noch einen schönen
Tag!« Ich schlug die Tür zu. Dann war das jetzt eben so.

Ich ging quer über den Schulhof. Während ich vor mich hin lief und das Gefühl hatte, mit jedem Schritt die Schule auch symbolisch hinter mir zu lassen, reifte in mir ein ehrgeiziger Gedanke. Jetzt wollte ich es allen zeigen. Den Lehrern, aber auch meinen Mitschülern, die mich jahrelang gemobbt hatten. Jetzt wollte ich zeigen, dass man es auch im Leben zu etwas bringen konnte, wenn man einen unkonventionellen Weg ging – und vor allem, dass ein Nachname völlig egal war.

Schließlich bekam ich meinen erweiterten Hauptschul- statt meines Realschulabschlusses, aber das blendete ich aus. Ich ging auch nicht zum Abschlussball oder zur Zeugnisvergabe, sondern gestand mir ein, dass ich meinen eigenen Weg gehen musste. Mein Zeugnis hat meine Mama im Übrigen erst letztes Jahr für mich abgeholt. Zwei Jahre nach der letzten Prüfung haben die Lehrer noch nachgefragt, wie es mir ging, und meine Mama hat geantwortet: »Cheyenne geht es gut, sie ist jetzt Model in Paris«, woraufhin die Lehrer gemeint haben: »Ach, wie schön, ja, wir haben immer an sie geglaubt.«

Na ganz bestimmt!

Aber ich denke, die meisten Lehrer hatten eh schon über die Presse mitbekommen, dass ich jetzt tatsächlich Model geworden war, und wollten das Ganze nur von meiner Mutter bestätigt haben, um ihren Senf dazuzugeben. Aber okay.

Ich habe mein Zeugnis für keine Bewerbung und keinen Job jemals gebraucht.

Bis heute verbinde ich die Schulzeit vor allem mit unschönen dunkeln Gedanken. Meine allerersten Mobbingerfahrungen brannten sich tief in mich ein, und später, als die vielen Anfeindungen und der Hass durch mein Smartphone zurück in mein Leben kamen, war ich gedanklich sofort wieder in der Schule und hatte das Gefühl, mich wieder vor Anton im Gebüsch verstecken zu müssen. Nur dass es diesmal nicht mal einen Lehrer gab, der Pausenaufsicht hatte und mir zumindest temporär Schutz geben konnte, sondern dass oft niemand da war.

Die Beleidigungen und die bösartigen Nachrichten, die heute auf mich einprasseln, haben eine andere Qualität als irgendwelche Hänseleien in der Schule. Irgendwann, als ich anfing zu modeln und Fotos von Kooperationspartnern hochlud, gab es zum Teil anstößige und sexuell aufgeladene Kommentare. Über meine angeblich aufgespritzten Lippen, über mein Gesicht. So, als wäre das gar nicht ich, sondern nur eine Figur, an der man seinen Hass entladen konnte. Die Leute, die mir auf Instagram schrieben, sahen sich auch oft im Recht. Für die war und ist es bis heute normal, mir Beleidigungen an den Kopf zu werfen, und ich bin in ihren Augen das Problem.

»Selbst schuld, wenn du solche Fotos hochlädst«, ist da oft der vorherrschende Tenor – bevor mir dann von einem anonymen Nutzer gesagt wird, wie unfassbar hässlich ich denn sei. Über die Jahre belastete mich die ständige Auseinandersetzung mit solchen Nachrichten psychisch, denn sie kamen ständig und zu jeder Tageszeit – von mir unbekannten Männern oder Typen, für die ich in diesem Moment kein Mensch war, sondern nur jemand, der plötzlich im Newsfeed auftauchte.

Im Entstehungsprozess dieses Buches, das Betroffenen, die Cybermobbing erfahren, helfen soll, war der Hass wieder da. So lud ich beispielsweise während der Corona-Pandemie ein Foto in Unterwäsche hoch – das Ganze war mit einem Kooperationspartner entstanden. Ich taggte das Bild unter »my Corona Body« und dachte mir nichts weiter dabei. Ich legte das Handy auf den Tisch und fing an zu kochen. Aber als ich die Inbox meines Handys aufmachte und die Kommentare las, war ich geschockt. Die Worte unter dem Bild waren zum Teil nett, aber zum Teil mehr als grenzwertig. Da standen Sachen wie: »Deine Vagina sieht schön aus, einfach nur pretty!« oder »Richtig geile Fickschnitte, die Cheyenne!«

In diesem Moment stand ich am Küchentisch in meiner mittlerweile eigenen Wohnung in Berlin und begann, unkontrolliert zu zittern. Ich erinnere mich noch sehr genau an diesen Moment. Mein Freund stand in der Küche und war damit beschäftigt, rote Zwiebeln zu schneiden. Wortlos legte ich mein Handy wieder weg und ging, ohne etwas zu sagen, ins Bad. Als ich mich im Spiegel sah, spürte ich, wie mir die Tränen kamen. Ich weinte. Erst schluchzte ich kurz, dann konnte ich die Tränen nicht mehr stoppen. Es war nicht so, dass ich meine Gefühle gegenüber meinem Freund zurückhalten wollte, aber ich hatte nicht damit gerechnet, einfach so losweinen zu müssen. Aber in diesem Moment wurde mir einfach alles zu viel.

Als ich verheult aus dem Badezimmer kam, sah mich mein Freund erschrocken an. »Cheyenne?! Ist alles okay bei dir?!« Er nahm mich fest in den Arm und drückte sich an mich. Und in diesem Moment, als er mich fragte ob »alles okay« war, kam diese tiefe Traurigkeit, die seit den ersten Mobbingattacken in der Grundschule in mir schlummerte, wieder zum Vorschein. Ich musste wieder weinen. Aber diesmal richtig. Ich bekam einen Nervenzusammenbruch und fiel meinem Freund in die Arme. Unter Tränen rief ich meine Mama an, und wir fuhren zu ihr. Sie zeigte mir eine spezielle Atemübung, und nach einer Stunde hatte ich mich wieder beruhigt. Aber bis dahin war ich wie blockiert. Als ich wieder zu Hause war, löschte ich das Bild, das ich aufgenommen hatte, und speicherte in meinem Highlight-Ordner eine Notiz, dass ich das Bild aufgrund sexueller Kommentare löschen musste. Ich fühlte mich einfach besser damit. Gern würde ich jetzt dazu erzählen, dass diese Geschichte eine Geschichte aus meiner späten Vergangenheit ist. Etwas von früher, ein Relikt aus grauer Vorzeit. Aber dem ist nicht so.

Dieses Ereignis, bei dem ich weinend zusammenbreche und mir geholfen werden muss, ist noch kein halbes Jahr her. Ganz allgemein ist das Thema Cybermobbing für mich keine Geschichte der Vergangenheit. Es ist eine Geschichte der Gegenwart. Ebenso, wie es für viele Tausende junge Menschen in Deutschland und der ganzen Welt eine Geschichte der Gegenwart ist. Und für diese von Cybermobbing betroffenen Menschen und ihre Angehörigen ist dieses Buch. Denn es kann nicht sein, dass irgendwo auf der Welt eine junge Frau in ihr Badezimmer geht, um zu weinen, weil eine völlig unbekannte Person sie wahllos via Instagram beleidigt hat, nur weil sie ein Foto hochgeladen hat. Das darf einfach nicht passieren.

WENN DIE EIGENE TOCHTER GEMOBBT WIRD

Natascha Ochsenknecht

Ich erinnere mich nur allzu gut an die Geschichte mit Anton und der Tram, die Cheyenne ja schon erzählt hat. Ich fand es wichtig, dem Jungen damals mit Respekt zu begegnen, ihm aber auch seine Grenzen aufzuzeigen. Und ich muss an dieser Stelle auch einmal die Lehrer in Schutz nehmen. Denn es ist ja klar, dass der Lehrer, mit dem ich redete, nicht der Lehrer war, der gerade in der Pause da war, wenn etwas passierte. Das heißt, theoretisch müsste ich mit allen Lehrern gleichzeitig reden, was ja nicht möglich war. Im Falle von Cheyennes Mobbing in der Grundschule bin ich damals zur Rektorin gegangen und habe die Sachlage erklärt. Da hieß es aber sofort: »Na ja, hier in Grünwald passiert das eigentlich nicht.« Da rollte ich schon mit den Augen. Denn manche Eltern in München-Grünwald waren eben sehr speziell. Und diese Eltern wiesen oft die Schuld von ihren Kindern, getreu dem Motto: »Ach nein, mein Kind macht so was aber nicht.« Ich kannte die Eltern aber, und mir war sehr schnell klar: Doch, auch dein Kind macht etwas. Auch wenn du hier stehst und das Gegenteil behauptet. Das ist ja auch erst mal nichts Schlimmes. Kinder machen eben Unsinn. Aber gerade bei den Familien, bei denen man vielleicht davon ausgeht, dass sie gut situiert sind, taten sich schon damals Abgründe auf. Da hat es an Liebe und an Wärme gefehlt, an jemandem, der sich um die Kinder kümmerte.

Ich habe heute noch das Bild von Cheyennes Einschulung im Kopf, wo eine hochmotivierte Übermutti völlig ironiefrei so etwas sagte, wie: »Ach, wissen Sie: Unser Kind geht später nach Salem und wird dann die Kanzlei von meinem Mann übernehmen.« Nebenan stand das völlig verwirrte Kind mit einer Schultüte im Arm und wusste überhaupt nicht, was Sache war. Ein klasse Bild. Aber eben auch etwas traurig, denn das hieß, die Kinder wurden hier oft in eine Rolle gedrängt, die sie nie würden haben wollen. Vielleicht wäre das Kind mit der Schultüte gern Maler und Lackierer geworden. Oder Schreiner oder Dachdecker. Wer wusste das schon? Das Kind sicherlich nicht, wenn schon vom ersten Schultag an feststand, was die Eltern sich für ihr Kind vorstellten. Diese Eltern würden diesen Plan auch rigoros durchziehen – ohne auch nur einmal das Kind zu fragen, was es eigentlich selbst wollte. Ich habe immer versucht, Cheyennes Wünsche ans Leben in die Erziehung einzubringen, und umso schwieriger war es für mich, als ich mitbekam, dass Cheyenne gemobbt wurde.

Während der Arbeit an diesem Buch habe ich mir oft die Frage gestellt: Was wäre passiert, wenn ich bei Cheyennes Schulmobbing nicht aktiv geworden wäre? Heute bin ich mir sicher: Cheyenne wäre immer unglücklicher geworden. Der Junge hätte einfach weitergemacht, und irgendwann hätte das ganz schlimm enden können. Oft ist es eben so, dass Mobbing klein anfängt und dann immer größer wird. Und je kleiner sich das Mobbingopfer dann macht, desto größer wird der Mobber, weil er dadurch mehr Macht erhält. Und das kann dann – krass formuliert – bis zum Suizid des eigenen Kindes führen. Deshalb ist es als Elternteil umso wichtiger, auf die Signale der Kinder zu achten und sie mit Liebe und Wärme zu überschütten. So etwas wie finanzieller Reichtum spielt erst mal eine untergeordnete Rolle. Und auch, wenn es zunächst seltsam klingen mag: Es gibt eben auch viele Familien, bei denen man sich von der Außenperspektive denkt: Och, hier läuft es aber ganz rund. Nette Familie, nette Umgebung, ein Planschbecken im Garten. Aber letztendlich kann es sein, dass auch diese Kinder sozial verwahrlost sind. Die Eltern arbeiten viel, sind im Urlaub und haben Personal, das sich um die Kinder kümmert. Die Kinder sind auf sich allein gestellt und können sich nicht gut sozial entwickeln. Und das passiert nicht nur in München-Grünwald, um hier auch mal ein bisschen Bashing rauszunehmen. Bei der Waldorfschule in Berlin war es ähnlich, nur »eben anders«. Da wurde dieses hochgelobte System der Waldorfschule über alles gestellt. In einem besseren Stadtteil ist es vielleicht das System »Außenwirkung und Reichtum«, was den Takt angibt, in dem die Kinder funktionieren müssen. Und in der Waldorfschule war es eben der hochgelobte alternative Lernweg, der aber auch dazu geführt hat, dass die einzelnen Kinder gar nicht mehr berücksichtig wurden. Mag ja sein, dass das Konzept der Waldorfschule genial ist. Aber das bringt nichts, wenn es bei den Kindern nicht ankommt. Kinder nehmen ja nicht ein System an, sondern vor allem das Zwischenmenschliche. Sie wollen aufrichtig geliebt und respektiert werden.

Außerdem ist ja auch in puncto Schulsystem jedes Kind anders. Das sehe ich ja auch bei meinen eigenen Kindern. Als mein Sohn Wilson mit der Schule fertig war, ging er noch mal auf die

Waldorfschule, bevor er für das Studium nach Amerika zog. Auf der Waldorfschule fühlte er sich total wohl und ist regelrecht aufgeblüht. Als mein zweiter Sohn Jimi dann einen Schulwechsel hatte, kam er auch auf eine Waldorfschule. Allerdings meinte Jimi nach einem Jahr zu mir: »Mama, ich muss hier runter. Ich brauche einen Tritt in den Hintern. Ich brauche Noten. Ich muss das, was ich erreicht habe, auch sehen können.« Und auch mit Cheyenne habe ich es auf einer Waldorfschule versucht. Aber Cheyenne war da eben wie Jimi. Sie musste Noten sehen und brauchte eine Struktur. Jedes Kind ist unterschiedlich, und nicht jedes Kind ist deshalb für jede Schulform geeignet. Man muss da erst einmal auf das Kind schauen und genau überlegen: Welche Schulform ist jetzt die passende? Allerdings funktioniert dieses »Einfach-Ausprobieren« natürlich nicht immer. Und – das kann man ja auch einmal sagen – damals hatten wir eben auch die Mittel dazu. Das ist natürlich ein absolutes Privileg, und eine alleinerziehende Mutter kann mit ihrem Kind eben nicht alle Schulformen durchprobieren, bis eine passt. Auch das ist mir natürlich klar. Aber nichtsdestotrotz kann man sich mit seinem Kind auseinandersetzen und überlegen: Welche Möglichkeiten hat das Kind? Ist es schon selbstständig? Muss man in vielen Dingen mehr oder weniger konsequent sein? Eltern sollten das eigene Kind nicht in eine Schulform stecken, die gerade angesagt ist, sondern in eine, die passt. Das ist ganz wichtig.

Aber zurück von den Schulformen hin zu den Erfahrungen, die ich als Mutter mit Cheyennes Mobbing gemacht habe. Als diese Dinge in der Grundschule anfingen, war ich mit Cheyennes Vater gerade in einer Trennungsphase. Cheyenne ging es in dieser Zeit gesundheitlich nicht sehr gut. Zudem nahm sie sich mehr und mehr zurück und wurde immer stiller, obwohl das eigentlich gar nicht ihre Art war. Irgendwann bemerkte ich, dass es nicht nur an der schwierigen Situation zu Hause lag, sondern etwas ganz grundsätzlich nicht mit ihr in Ordnung war. Sie erzählte viel weniger über die Schule und von ihrem Tag, sondern schaute, wenn ich sie von der Schule abholte, nur aus dem Autofenster und schwieg. Das passte nicht unbedingt zu ihr. Ich merkte schon längere Zeit, dass sie bedrückt war, aber ich kam nicht drauf, weshalb. Auch wollte ich sie natürlich nicht einfach so darauf ansprechen: »Du wirst geärgert, oder?!« Das ging nicht. Ich gab ihr den Freiraum, sich mir zu öffnen, und Zeit. Natürlich dachte ich aber auch nach: War es etwas mit den Lehrern? Mit den Mitschülern? Was war los? Irgendwann, nach etwa zehn Tagen, fragte ich sie schließlich: »Okay, Cheyenne, jetzt ist alles gut. Ich sehe, wie du aussiehst, wie still du geworden bist. Ich geh jetzt zum Rektor und hau da richtig auf den Tisch und frage nach, was los ist.« Und dann sagte sie: »Ne, musst du nicht«, und erzählte mir von dem Jungen, der sie mobbte. Das alles sagte sie mir, als ich sie von der Schule abholte, und ich war froh, dass wir dieses Gespräch so offen führen konnten.

Ich glaube, es ist einfach auch sehr wichtig, dem Kind, gerade wie bei Cheyenne in einer solchen emotional belastenden Zeit, die Möglichkeit zu geben, alles im Kopf zu sortieren und einen richtigen Weg zu suchen. Auch wenn man merkt, dass das Kind sich verschließt, muss man dem Kind die Freiheit lassen und nicht drängen, sondern auf Indizien und Signale achten. Denn diese Ausnahmesituation muss das Kind auf irgendeine Art und Weise zu kommunizieren versuchen – und das gelingt eben nicht, wenn man versucht, irgendeine Form von Wahrheit oder Erkenntnis aus dem Kind herauszuschütteln. Das muss von dem Kind allein kommen. Und dafür braucht es Zeit. Trotzdem gibt es natürlich einige Indizien, die auf Mobbing hinweisen. Beispielsweise wenn ein Kind unbedingt zur Schule gebracht werden möchte, auch wenn es normalerweise mit dem Fahrrad fährt oder den Schulweg zu Fuß geht. Auch wenn das Kind plötzlich keine Lust mehr hat, zur Schule zu gehen, oder Krankheiten vortäuscht, ist das ein Warnsignal. Gehen die Schulleistungen plötzlich runter oder ist ein Kind vermehrt gereizt und überempfindlich, ist es wichtig, bei dem ganzen beruflichen Stress, den man als Elternteil hat, empathisch zu reagieren und Stimmungsschwankungen des Kindes zu registrieren. Die Fachleute sind sich einig: Diesen Auffälligkeiten sollte man nachgehen und herausfinden, was der Grund der Verhaltensänderung ist.

Vielleicht ist das Kind ja auch nur unglücklich verknallt, oder es ist nichts weiter Schlimmes vorgefallen, aber hören Sie unbedingt, was Ihr Kind Ihnen zu sagen hat. Vor allem dann, wenn es nichts sagt! Warnsignale lassen sich auch nonverbal wahrnehmen. Ist tatsächlich etwas vorgefallen und wurde Ihr Kind Opfer einer Mobbingattacke, ist es wichtig, dass Sie Ihrem Kind helfen, sich seiner Gefühle und Gedanken bewusst zu werden. Aber lassen Sie davon ab, Ihrem Kind mit aller Gewalt Informationen zu entlocken, ob tatsächlich ein Mobbingfall vorliegt. Und auf gar keinen Fall sollten Sie eine Mobbingsituation, insofern Sie wissen, das tatsächlich etwas passiert ist, herunterspielen. So etwas wie »Das passiert ja nicht einfach so!« oder »Stell dich nicht so an!« geht gar nicht. Geben Sie niemals und unter keinen Umständen Ihrem Kind das Gefühl, es würde irgendeine Art von »Schuld« daran tragen, dass es gerade ein Mobbingopfer ist. Mobbing kann jedes Kind zu jeder Zeit treffen, unabhängig von Alter, Geschlecht, Herkunft und sozialem Status.

Viele Eltern merken gar nicht, dass es ihrem Kind gerade schlecht geht, und wundern sich dann, wenn es auf einmal anfängt, sich selbst zu verletzen.

Übrigens: Nachdem ich den Jungen an der Tramstation im Beisein von Cheyenne zur Rede gestellt hatte, passierte noch etwas anderes, außer dass er von ihr abließ. In der Grundschule wurde klar: Die Ochsenknecht mischt sich ein. Ich hatte nie Stress und Ärger mit Eltern und Lehrern, aber ich mache halt Ansagen. Und wenn ich merke, dass jemand ungerecht behandelt wird, dann kläre ich das. Eigentlich sollten das Kinder natürlich immer untereinander ausmachen, aber wenn da jemand steht, der viel größer ist als der Betroffene und sich über alles hinwegsetzt, dann funktioniert es nicht – eben, weil es auch keine Möglichkeit gab, mit den Eltern zu reden.

Oft ist es, wie oben bereits schon angesprochen, so, dass man mit Eltern spricht und auf einmal alle hochbegabte Wunderkinder haben, die nie Stress zu Hause machen. Was da zum Teil abgeht, ist wirklich schräg. Genau wie in der Waldorfschule später. Da wird dann von den »wahnsinnig tollen Talenten« gesprochen. »Irre, wie die kleine Neunjährige schon malen kann«, heißt es im Schulflur. Und da denke ich mir auch: Ja, das Kind ist anscheinend schon als Erwachsene auf die Welt gekommen. Aber irgendwann merkte ich auch in diesen Elternkreisen, in denen die Kinder alle behütet wurden und bei denen alles perfekt war, dass man diese Scheinwelt ganz einfach entlarven konnte, indem man selbst einfach mal den Ring in den Raum warf und ein paar »echte Dinge« erzählte. Cheyenne hatte beispielsweise bereits als Baby Koliken. Normalerweise dauerte es drei Monate, bis die Schmerzen, die sich im Bauchbereich breitmachten, aufhörten. Bei Cheyenne dauerten die Koliken als Baby allerdings fünf Monate an. In der Waldorfschule warf ich diese unangenehme Wahrheit bei einem Elternabend einfach mal in den Raum. Und auf einmal ging es los, dass sich alle Eltern, die so um ihre Waldorf-Schulkinder bemüht waren, öffneten und unangenehme Wahrheiten von ihren Kindern erzählten. Da hieß es dann: »Also, als mein Sohn gezahnt hat, das war schon ganz schwer.« – »Als unser Kleiner diese Darmgeschichte hatte, das war wirklich was …« Ja, und dann kamen die Wahrheiten ans Licht.

Meistens habe ich mich bei besagten Elternabenden aber gelangweilt. Sowohl in der Grundschule als auch in der Waldorfschule. Dort wurde stundenlang über so spannende Themen gesprochen, welche Ordnerfarbe jetzt passend wäre für das Schuljahr. Orange oder doch lieber Rot? Mir fiel auf, dass es bei diesen Versammlungen vor allem um Oberflächlichkeiten ging und nie wirklich um die Kinder.

Aber trotzdem, wie zu Anfang schon gesagt: Oft tun mir die Lehrer auch leid, weil sie für das verantwortlich gemacht werden, wobei die Eltern versagt haben. Die Eltern setzen ihr unschuldiges Kind in ein Haus, in dem vor allem sie selbst sich wohlfühlen, und lassen das Kind dann allein. Schon mit Sprüchen, wie »Du kannst doch alles haben, was du willst!« und »Wir geben dir doch alles!« … Die Eltern erwarten also permanent Dankbarkeit von ihrem Kind, und eigentlich denkt der Sprössling sich nur: Na ja, vielleicht hätte ich auch einfach gern ein kleines Zimmer, aber dafür eine Mama, die mich auch einmal in den Arm nimmt und mich tröstet, wenn es mir schlecht geht.

Cheyenne und ich hatten diesbezüglich eine offene Kommunikation. Es war mir auch immer wichtig, dass Cheyenne sich anderer Kinder annimmt und mit denen spricht, die auch in der Ecke stehen und weniger beachtet werden. Ich ermunterte sie auch, mal solche Kinder zu ihrem Geburtstag einzuladen. Das habe ich auch schon mit meinen Jungs so gemacht, und bei Kindergeburtstagen war bei uns immer ziemlich viel los. Irgendwann sind die Kinder so gern zu meinen organisierten Festen mit richtigen Spielen – wo auch mal gematscht wurde oder etwas kaputt ging (wie beispielsweise Eierlaufen) – gekommen, dass ich das Gefühl hatte, die Eltern wurden etwas eifersüchtig, einfach weil die Kinder gern bei mir oder uns waren. Ich habe mich aber einfach nur bemüht, indem ich mit den Kindern gebacken und gemalt und dafür gesorgt habe, dass alle eine gute Zeit hatten. Bei uns war immer viel Liebe mit im Spiel.

Und auch in solchen Situationen konnte man ja pädagogisch arbeiten. Bei uns war immer volles Haus, und es wurden, wenn Freunde von Jimi oder Wilson da waren, bis zu 35 Schnitzel gemacht, aber auch hier gab es natürlich Regeln, die ich vermitteln konnte. Schmatzen verboten, Ellbogen vom Tisch – aber dann hieß es: Guten Appetit. Schön, dass ihr da seid, Kinder!

Der Hauptteil dieses Buchs beschäftigt sich mit der Frage, wie man sich gegen Cybermobbing, das ja gerade Cheyenne auf sozialen Netzwerken in allen möglichen Formen entgegenschlägt, wehren kann. Trotzdem ist es, auch für eine spätere Unterscheidung, auch nicht ganz unwichtig zu erfahren, was Mobbing eigentlich genau ist und was die besten präventiven Maßnahmen sind. Deshalb zunächst die Frage: Ist Mobbing eigentlich noch ein gesellschaftlich relevantes Thema, oder kennt man dieses Phänomen und diesen Begriff nur noch aus Filmen und Serien, in denen Jugendliche andere Jugendlichen das Pausenbrot klauen? Wie groß ist das Problem Mobbing eigentlich?

Randphänomen Mobbing?

Fest steht: Mobbing, vor allem an Schulen, aber auch im Job, ist sowohl in der realen Welt als auch in der digitalen (also bei Facebook, Instagram und Co.) kein Randphänomen, sondern ein ernst zu nehmendes Thema und ein großes Problem.

Die »Students' Well-Being«-Studie aus dem Jahr 2015, die weltweit durchgeführt wurde, befragte 540.000 Schüler und Schülerinnen aus insgesamt 72 Ländern. 2017 wurde die Studie schließlich final ausgewertet. Das Ergebnis spricht bis heute Bände: In Deutschland waren insgesamt 16 Prozent der befragten Schüler und Schülerinnen von Mobbing betroffen. Zudem gab fast jeder zehnte Fünfzehnjährige aus Deutschland (9,2 Prozent) an, immer wieder Opfer verbaler oder körperlicher Attacken zu sein.

Im Gespräch mit »tagesschau.de« sagte der Präsident der OECD (der Organisation für wirtschaftliche Zusammenarbeit und Entwicklung) bereits im April 2017, dass Mobbing in Deutschland stärker thematisiert werden müsse.

Aber auch wenn sich seitens der Politik für eine »Null-Toleranz-Praxis« stark gemacht wird, als Cheyenne zur Grundschule ging, gab es auch eine Null-Toleranz-Praxis. Aber eher praktiziert von den Lehrern und Eltern, als es darum ging wegzuschauen. Es kam ja in Cheyennes Fall so weit, dass ich selbst einschreiten und den Täter an einer Tramstation zur Rede stellen musste. Ich sah hier als Mutter meine letzte Möglichkeit, irgendetwas zu tun. Die Gespräche im Vorfeld hatten alle nichts gebracht, und auch die Lehrer waren ratlos gewesen und hatten das Ganze nicht ernst genommen. Nach meiner knallharten Ansage an den Jungen, der Cheyenne drangsaliert hatte, war aber erst mal Ruhe. Mobbing wurde aber in keiner Form thematisiert, und es gab nie etwas wie eine Art »präventive Projektwoche« zu diesem brisanten Thema – es wurde schlichtweg unter den Teppich gekehrt. Das finde ich bis heute sehr schade. Und hier sind die Eltern in ihrer Erziehung gefordert. Die Kinder müssen sozial mit anderen interagieren, Verhaltensweisen lernen und dürfen nicht in einen goldenen Käfig gesperrt und wie Zootiere gehalten werden, die möglichst brav und ruhig zu sein haben. Dabei spielt die soziale Schicht im Übrigen keine wirkliche Rolle.

Es gibt auch sehr viele Kinder aus gutem Elternhaus, die emotional total verwahrlost sind. Dieses Phänomen hat auch einen Namen. Psychologen sprechen hier von der sogenannten »Wohlstandsverwahrlosung«. Gemeint ist die psychische Vernachlässigung bei Kindern und Jugendlichen bei gleichzeitigem materiellem Überfluss. Denn was nützen einem Kind die schönsten Spielsachen, wenn sich die eigenen Eltern nicht um Ängste und Sorgen kümmern und sich generell nicht für das eigene Kind interessieren? Als Hauptursache für dieses Phänomen gilt übrigens ein abwesender Elternteil und das Bedürfnis, Schuldgefühle materiell loszuwerden. Getreu dem Motto: »Hier, Kind, hast du eine neue Playstation, aber jetzt hör bitte auf zu weinen.« Und das ist die völlig falsche Herangehensweise. Und wenn wir uns zu Anfang mit dem Problem von Mobbing – sei es jetzt auf dem Schulhof oder im Internet – befassen, dann muss die Botschaft an die Eltern auch ausdrücklich und unmissverständlich klar sein: Vor allem geht es darum, für das eigene Kind da zu sein und nicht für jemand anderen, der außen steht. Weder für die Nachbarn oder für die anderen Eltern in der Klassengemeinschaft. Das eigene Kind und dessen Gefühle sind das Wichtigste. Der Rest, die mögliche Außenwirkung, ist doch völlig egal.

Das Feld Cybermobbing ist ein riesiges und relativ neues Problem, das ja vor allem mit der Digitalisierung, also diesem Internet passiert ist. Aber vielleicht ist es für eine Einordnung auch erst einmal wichtig, darüber zu sprechen, was der Begriff Mobbing eigentlich genau ist. Quasi der Ursprung von allem.

Vor etwa dreißig Jahren begann der schwedisch-norwegische Psychologe Dan Olweus, sich mit dem Phänomen Mobbing und der Gewaltproblematik an Schulen auseinanderzusetzen. Seiner frühen Definition nach ist Mobbing ein absichtlich körperlich oder psychisch schädigendes Verhalten gegen einen Einzelnen, bei dem der Täter dem Opfer überlegen ist. Die Taten werden wiederholt und über einen längeren Zeitraum hinweg ausgeübt. Oft gibt es ein hierarchisches System mit klaren Machtstrukturen, die vom Einzelnen nicht leicht verlassen werden können.

Sprachlich leitet sich das Wort »mobbing« vom englischen »to mob« ab und bedeutet wörtlich übersetzt »bedrängen«, »anpöbeln«, »attackieren«. Und wie bereits kurz angerissen: Es ist vor allem das gezielte systematische und über einen längeren Zeitraum versuchte Ausgrenzen, was Mobbing von normalen Streitereien unterscheidet.

Streits oder Meinungsverschiedenheiten sind bei Kindern ja normal und gehören zur Entwicklung dazu. Bei Mobbing sieht das Ganze aber anders aus. Es richtet sich überwiegend an eine einzelne Person und kann verbal oder physisch stattfinden. Auch das ist nicht ganz unwichtig, gerade weil viele Menschen glauben, Mobbing sei erst dann Mobbing, wenn körperlicher Schaden genommen wird.

Aber es gibt eben auch verbales Mobbing. Dieses äußert sich für gewöhnlich in Form von Beschimpfungen und Beleidigungen. Das Opfer erntet Häme und Spott, wird aufgrund seines Aussehens, Verhaltens oder seiner Kleidung erniedrigt und ausgelacht. Ungerechtfertigte Anschuldigungen, negative Geschichten und Gerüchte über das Opfer sind auch Formen des verbalen Mobbings. Drohungen sind häufig mit an der Tagesordnung. Und aus Angst vor physischer Gewalt oder vor Scham schweigen viele Mobbingopfer und halten die verbalen Attacken aus. Somit kann nur ein Außenstehender diesen Teufelskreis durchbrechen und dem Ganzen ein Ende setzen. Wenn ein Schüler auf dem Weg zur Schule jeden Tag aufs Neue von einem Mitschüler beleidigt und verbal misshandelt wird, dann ist das genauso Mobbing wie ein ständiger körperlicher Angriff.

Es ist wichtig, das zu wissen, denn vor allem beim Cybermobbing, also bei dem, was Cheyenne gegenwärtig widerfährt, ist ein körperlicher Angriff ja ausgeschlossen. Durch ein Handy oder durch eine virtuelle Tastatur kann niemand ins Gesicht geschlagen werden. Aber die psychische Belastung, die niemals endenden Nachrichten und die Beleidigungen aller Art sind mindestens genauso schmerzhaft und hinterlassen tiefe Narben, die im schlimmsten Fall für immer bleiben, auch wenn sie unsichtbar sind.

Aber wer sind überhaupt die Täter? Gibt es einen Mobber-Typus, also Charaktereigenschaften von Jugendlichen oder auch Erwachsenen, die vermehrt bei Mobbern zu finden sind?

Nicht unbedingt. Beim Thema Mobbing ist es zunächst wichtig zu verstehen, dass es nicht so etwas wie einen typischen Täter gibt. Vielmehr treffen gewisse Merkmale auf viele der Mobber zu. Worum geht es also den meisten Menschen, die es für eine gute Idee halten, andere zu drangsalieren und zu unterdrücken? Den meisten Tätern geht es darum, Macht über andere auszuüben. Sie genießen es, Mitschüler und Mitschülerinnen zu kontrollieren und zu unterwerfen. Wenn andere vor ihnen Angst haben, fühlen sie sich stärker. Sie wollen Anerkennung erwirken oder auch von ihren eigenen Misserfolgen ablenken. So gesehen ist Mobbing also eher ein Ausdruck von Schwäche als von Stärke.

Denn wie traurig ist es eigentlich, wenn jemand unglücklich ist und sich dann an Schwächeren vergreifen muss, um etwas für sein gekränktes Selbstwertgefühl zu tun? Die Täter empfinden in der Regel auch kein Mitgefühl, wenn es dem Opfer schlecht geht. Bei der Auswahl der Opfer haben sie ein besonderes Geschick entwickelt, Mitschüler zu erkennen, die auf Aggressionen eher wehr- und hilflos reagieren. Oft geben die Täter dabei an, dass das Opfer sie provoziert hat. Allerdings ist es oft

schwierig, die ganz genauen Gründe für mobbende Verhaltensweisen zu bestimmen.

Wissenschaftler nehmen an, dass die Ursachen für dieses un-
soziale Verhalten oft mit den Bedingungen in der Familie zu-
sammenhängen, unter denen die Täter aufwachsen. Oft fehlt
es im Elternhaus der Mobber an liebevoller Wärme und An-
teilnahme. Dies erhöht das Risiko deutlich, dass sich ein Kind
aggressiv und feindlich entwickeln wird.

Beobachtet wurde auch, dass in den Elternhäusern der Mobber machtbetonte Erziehungsmethoden angewendet werden,
wie beispielsweise Gewalt und Gefühlsausbrüche der Eltern. Oft
werden die Täter auch Zeuge von Gewalt in der Familie oder
zwischen den eigenen Eltern. Die traurig-bittere, aber leider
auch wahre Erkenntnis: Aggressives und wenig mitfühlendes
Verhalten wird aus der Familie erlernt. Das Kind erlernt keine
Strategien zum Umgang mit Konflikten oder Meinungsverschiedenheiten und somit kaum Möglichkeiten, einen Konflikt auf
vernünftige Weise und ohne Aggressionen zu lösen. Auch wenn
Eltern ihren Kindern nur wenige Grenzen setzen und ihre Kinder sich aggressiv gegenüber anderen verhalten, fördert dies den
potenziellen Mobber. Aggressives oder unsoziales Verhalten wird
von den Eltern nicht geächtet oder geahndet, sondern die Eltern
verharmlosen das Verhalten mit irgendwelchen Phrasen, wie: »So
sind Jungs eben, die raufen sich gern«, und sind in der Fürsorge
gleichzeitig übertolerant. So lernen die Kinder nicht, dass das an-
dauernde Ärgern von anderen Menschen diese verletzt und kein
angemessenes Verhalten darstellt, sondern fühlen sich mit ihrem
Verhalten wohl und hinterfragen ihre Handlung nicht. Und so
ein Verhalten kann dann im nächsten Schritt von aggressiven
Vorbildern aus der Clique oder im Freundes- und Bekanntenkreis weiter gefördert werden, wenn es als »cool« bewertet wird.

Auch der übermäßig ausgeprägte Konsum von gewalttätigen Medien kann eine Rolle spielen. Das heißt jetzt nicht, dass ein Kind, das Playstation spielt, sofort zum Mobber wird, aber wenn ein Kind anderen gegenüber aggressiv ist und selbst auch aktiv ausschließlich gewaltverherrlichende Medien konsumiert, kann dies zu einer explosiven Mischung werden. Empathie kann nicht gelernt werden, und die Täter können nicht mitfühlen, dass ihr Tun jemand anderen verletzt.

Die beschriebenen Faktoren in Familie und Umfeld können also begünstigend darauf wirken, dass ein Kind oder Jugendlicher andere Menschen in seinem Umfeld mobbt. Letztendlich kann sich aber jeder Mensch, ganz gleich, aus welchem Elternhaus er oder sie kommt, auch immer bewusst gegen ein mobbendes Verhalten entscheiden. Auch das sollte natürlich nicht vergessen werden. Gerade ab einem gewissen Alter sind Menschen natürlich für ihr Handeln selbst verantwortlich. Auf der anderen Seite – gerade wenn kleine Kinder zu Mobbern werden – sollte darauf achtgegeben werden, diese nicht für immer abzustempeln, sondern ihnen die Chance und Unterstützung zu geben, ihr Verhalten zu ändern. Kinder sind noch formbar und durch die richtige Kommunikationsstrategie, einen liebevollen Umgang und die Aufklärung von falschem Verhalten kann bei Heranwachsenden eine Menge erreicht werden. Denn eines sollten Kinder nie: einfach so aufgegeben werden!

Mobbing und seine Folgen

»Aber so ein bisschen Mobbing ist doch nicht so schlimm.« – »Kinder ärgern sich doch immer wieder, das ist ganz normal.« – »Ach, das ist doch nur Kinderkram!«

Das sind ganz normale Stimmen, die laut werden, wenn es um das Thema Mobbing geht. Viele Eltern, messen dem Thema einfach viel zu wenig Bedeutung bei. Mobbing scheint halt immer irgendwie etwas zu sein, was dazugehört. Davon hört man öfter mal, und gemobbt – sagen wir es mal, wie es ist – wurde jeder mal so ein bisschen, oder etwa nicht? So ganz schlimm ist das Thema ja nicht!

Um hier direkt einmal mit einem Hammer einzusteigen: Nach einer gemeinsamen Studie von Vodafone und dem Meinungsforschungsinstitut YouGov von 2015 hatten 18 Prozent von Schülern aus Deutschland, die zugaben bereits Mobbingerfahrungen gemacht zu haben, bereits Suizidgedanken. Klingt unwirklich und irgendwie nur nach einer Statistik ohne eine reale Geschichte? Nun ja, im Februar 2019 nahm sich eine Elfjährige an einer Berliner Grundschule im Bezirk Reinickendorf das Leben, weil sie von ihren Mitschülern gemobbt worden war. An einem Dienstag nach der Schule soll sie sich in ihrem Zimmer so schwer verletzt haben, dass sie im Krankenhaus an den Folgen ihrer Verletzungen starb. Ein Grundschulkind. Nach einem Bericht im Berliner Tagesspiegel hatten Elternvertreter der Schulleitung bereits seit Jahren vorgeworfen, die bestehende Mobbingproblematik, die an der Schule herrschte, nicht ernst genommen zu haben. Das ist doch Wahnsinn!

Aber auch wenn Mobbing nicht bis zum Tode führt, kann ein solches Verhalten in der Schule extrem schlimme Folgen für den weiteren Lebensweg der betroffenen Schüler und Schülerinnen haben. Wer als Jugendlicher jahrelang gemobbt wird, hat das oft – so traurig es klingen mag – ein Leben lang mitzutragen und damit zu kämpfen. Zudem fällt es vielen Mobbingopfern oft schwer, im weiteren Leben Beziehungen zu anderen Menschen aufzubauen, da sie das Grundvertrauen in ihre Mitmenschen verloren und Angst haben, wieder verletzt zu werden. Das muss man sich einmal auf der Zunge zergehen lassen. So eine kurze Zeit ist so prägend für junge Menschen, und vor allem Mobbing in der Grundschule kann weitreichende Folgen für ein Kind haben.

Gerade in der Kindheit und vor allem in der Schulzeit entwickelt sich der Mensch zu einem Individuum, und die Persönlichkeit bildet sich aus. Wird ein Kind während dieser Entwicklungsphase dauerhaft gemobbt, kann die menschliche Psyche diese ständige Belastung nicht auf Dauer kompensieren. Eigenschaften wie Nervosität, Misstrauen oder Schüchternheit können hier verstärkt werden.

Das ist ja eigentlich selbsterklärend: Stellen Sie sich vor, Sie haben die ersten beiden Jahre in der Grundschule wahnsinnige Angst, dorthin zu gehen. Sie nässen sich ein, Sie wollen nichts mehr essen, einfach weil Sie wissen, dass Sie auf dem Weg zur Schule oder im Pausenhof gedemütigt werden. Dieser Konfrontation sind sie tagtäglich ausgesetzt. Sie sind sich unsicher, haben Angst und wollen nicht darüber reden, weil Sie sich davor fürchten, Schuld an ihrer eigenen Demütigung zu sein. Irgendetwas müssen sie ja angestellt haben, dass sie auf solche böswillige Weise wieder und immer wieder tyrannisiert werden, oder etwa nicht? Selbstsicher gehen Sie so bestimmt nicht durchs Leben. Und so ist es der Zwang, täglich zur Schule gehen zu müssen, der Mobbingopfer häufig in eine schreckliche Ausweglosigkeit treibt.

Die erste Konsequenz: Die Kinder wollen nicht mehr in die Schule. Auch Cheyenne hatte eine Zeit lang unerklärliche Bauchschmerzen, als sie noch zur Grundschule ging. Zwar war sie keine Schulverweigerin, aber es war ihr über einen längeren Zeitraum sichtlich unwohl, in die Schule zu gehen. Im

Rückblick ist das ja auch nur allzu verständlich und nachvollziehbar. Denn wenn in der Schule nur Stress herrscht und es
keinen Rückzugsort, keinen sogenannten Safe Space gibt, warum sollte sich ein Kind dieser realen Gefahr aussetzen? Eine
Verweigerungshaltung setzt also ein.

Dass die im Kindes- und Jugendalter gemachten Erfahrungen Langzeitschäden verursachen können, zeigt eine Langzeit-
studie, die im »British Medical Journal« 2015 erschien.

Für ein Forschungsprojekt befragten die Wissenschaftler
Einwohner einer englischen Kleinstadt zu ihrer Gesundheit.
Unter ihnen waren auch Jugendliche im Alter von dreizehn Jah-
ren, von denen einige angaben, mindestens einmal wöchentlich
Schikanen und Mobbing in der Schule ausgesetzt zu sein. Fünf
Jahre später, im Alter von achtzehn Jahren wurden die ehemals
Jugendlichen wieder zu ihrem Gesundheitszustand befragt,
diesmal aber mit dem Fokus auf Depressionen. Fast 15 Prozent
der befragten Jugendlichen litten nachweislich daran. Dieser
Anteil war dreimal so hoch wie bei den anderen befragten Acht-
zehnjährigen, die als Jugendliche nicht gemobbt worden waren.

Das Mobbing in der Schule hatte also direkte Konsequenzen auf die Psyche der Jugendlichen und legte ihnen zunächst
mentale Steine in den Weg, die sie aus dem Weg räumen mussten, um ein gutes und psychisch gesundes Leben zu führen. Es
lässt sich also feststellen: Mobbing ist ganz sicher kein Kavaliers-
delikt, sondern kann, wissenschaftlich bestätigt, unglaubliche
Langzeitfolgen haben.

Um die Folgen von Mobbing möglichst gering zu halten, helfen
vor allem Vertrauenspersonen, die Betroffene verstehen und sie
unterstützen, wo sie nur können. Ich bin sehr froh, dass Cheyenne sich mir damals geöffnet hat und wir die Sache gemeinsam angehen konnten. Denn auch wenn Cheyenne vielleicht

privilegierter aufgewachsen ist – vor Mobbing kann man niemanden wirklich schützen. Umso wichtiger ist es eben, seinem Kind ein gesundes Selbstbewusstsein mit auf den Weg zu geben und sich viel mit dem Kind auszutauschen und zu reden. Deshalb war es mir auch von Anfang an ungemein wichtig, offen über ihre Mobbingerfahrungen sprechen zu können – dieses Miteinander ist uns bis heute sehr wichtig. Damals, als es auf dem Pausenhof losging, ebenso wie heute, wenn es mal wieder schwer wird, weil ein paar Vollidioten bei Instagram nicht aufhören, ihr beleidigende Sachen zu schreiben.

Heute geht sie zwar nicht mehr zur Schule, aber die Anfeindungen, die sie im Internet und in der digitalen Welt erfährt, sind beleidigender und massiver als zuvor. Heute meldet sie sich bei mir, wenn sie sich schlecht fühlt, und wir besprechen, was zu tun ist. Ich bin froh und dankbar, dass sie mir dieses Vertrauen schenkt.

Mobbing, vor allem hinsichtlich der Langzeitfolgen, darf im Kindesalter keinesfalls übersehen werden. Denken Sie bitte nicht: »Ach, das Kind hat einige Probleme in der Grundschule, aber in einigen Jahren ist das ja sowieso vorbei, dann steht sowieso der Schulwechsel an!«, sondern machen Sie Mobbing zum Thema, auch wenn es bisher keines war. Pädagogen wie Eltern sind gleichermaßen gefragt, denn es geht bei diesem Thema ja um nichts Geringeres als um die psychische und physische Gesundheit unserer Kinder, und was kann uns denn bitte mehr wert sein als das?

Was von Mobbing betroffene Schüler und Schülerinnen aktiv gegen Mobbing tun können, darüber informieren viele Hilfsorganisationen im Netz, wie beispielsweise die Initiative »Schüler gegen Mobbing« (www.schueler-gegen-mobbing.de), die wertvolle Tipps gibt.

Zunächst ist es unumgänglich, dass Schüler und Schülerinnen den Mut aufbringen, sich an eine Vertrauensperson
zu wenden. Leider ist es immer noch so, dass viele Opfer sich
dafür schämen, gemobbt zu werden, und lieber still vor sich
hin leiden. Getreu dem Motto: Das wird bald vorbei sein, und
es wird schon irgendwie gut gehen. Die Schulglocke läutet irgendwann doch sowieso, und später bin ich wieder zu Hause.
Und das Mobbing »ist halt so«. Aber diese Normalität darf unter gar keinen Umständen akzeptiert werden. Sowohl im Falle
von Mobbing auf dem Pausenhof als auch im Falle von Cybermobbing. Es ist unabdingbar, dass Betroffene sich anderen
Personen öffnen und von ihren Mobbingerfahrungen erzählen.

Übrigens auch etwas, was im Erwachsenenalter wichtig ist,
denn Mobbing endet ja nicht einfach mit der Schulzeit. Auch
Mobbing am Arbeitsplatz ist heutzutage ein Riesenthema. Und
auch hier gilt: Vertrauen Sie sich jemandem in Ihrem Umfeld
an, und sprechen Sie darüber. Machen Sie sich und Ihr Anliegen, Ihr Wohlbefinden, das Wichtigste, was Sie haben – Ihre
Gesundheit –, zum Thema!

Auch der Kontakt mit Betroffenen im Internet kann helfen, ein verlorenes Selbstbewusstsein wiederzugewinnen und
der schlimmen Spirale des Mobbings zu entkommen. Lassen
Sie sich nicht einfach so von Ihrem Umfeld runterzuziehen,
sondern versuchen Sie, das Problem zu erkennen und dann
anzugehen – im besten Fall mit der Hilfe von Vertrauten und
guten Freunden.

Vor allem aber als Eltern sollten Sie die Warnsignale von
Mobbing erkennen. Nehmen Sie Ihr Kind ernst, wenn es
beispielsweise nicht mehr in die Schule gehen will oder öfter
krank ist. Ein gut gemeintes »Stell dich nicht so an!« hilft nie-
mandem wirklich. Glauben Sie auch nicht, dass Ihr Kind Sie
»ärgern« oder provozieren will. Haken Sie empathisch nach,

und versuchen Sie herauszufinden, was im Argen liegt. Vielleicht ist es ja auch nur falscher Alarm, und es gab wirklich nur einen kleinen, unbedeutenden Streit. Aber bei einem konkreten Mobbingverdacht sollte die Schule unbedingt informiert und aufgefordert werden zu handeln. Denn auch die Lehrer sollten einen klaren Standpunkt beziehen und Mobbingprävention zum Thema machen. In Cheyennes schulischer Laufbahn war da wirklich ein blinder Fleck.

Ich bin der Meinung, dass es Pflicht der Lehrkräfte ist, gerade jungen Mobbingtätern einen Perspektivenwechsel zu ermöglichen und ihnen klarzumachen, was sie mit ihrem Verhalten anrichten. Dazu sollten betroffene Schüler von ihren Lehrern ermutigt werden, über ihre Mobbingerfahrungen zu berichten. Die Täter müssen von den Lehrkräften zur Rede gestellt werden. Einfach nur auf dem Pausenhof zu stehen und mit den Achseln zu zucken, wenn ein Vorfall passiert, ist sicher kein guter Weg. Zudem sollte präventiv gearbeitet werden. Schließlich geht es um die langfristige Gesundheit junger Heranwachsender, und von den Schulen muss hier einfach mehr geleistet werden. Die jungen Opfer von Mobbingattacken diese einfach aushalten zu lassen, ist keine Lösung. Es sollten mehr Projekte unterstützt werden, die das Schulklima verbessern, anstatt das Problem einfach zu ignorieren und die Augen davor zu verschließen.

Heute sind wir ja so weit, dass relativ klar ersichtlich ist, wozu Mobbing im Extremfall führen kann – nämlich dazu, dass junge Menschen ihr Leben beenden. Es stellt sich also zwingend die Frage: Wie wenig wert können einem die eigenen Kinder oder Schüler sein, wenn man nicht alles in seiner Macht Stehende tut, um hier präventiv vorzugehen? Das macht mich als Mutter wirklich nachhaltig betroffen.

Gerade im Hinblick auf das relativ junge Phänomen des Cybermobbings, das viele Lehrer und Lehrerinnen überfordert, ist es wichtig, hier ganz nah am Puls der Zeit zu sein und Mobbing zu unterbinden. Zwar ist es gut, dass die Pädagogik mittlerweile auf einem progressiven Weg ist, aber damit ist es noch lange nicht getan.

Früher, in den 50er- oder 60er-Jahren, war es üblich, dass Lehrkräfte eine ganz eigene Strenge ausstrahlten. Es herrschte eine klare Hierarchie. Vorn stand der Lehrer und sprach, vor ihm saß die Klasse und schwieg. Es war üblich, die Schüler und Schülerinnen zu bestrafen und bei Ärger in die sprichwörtliche Ecke zu stellen. Und dass Schülern auch mal mit einem Lineal auf die Fingerspitzen gehauen wurde, ist nicht nur einfach eine Geschichte aus »Max und Moritz«. Diese pädagogischen Maßnahmen gab es früher wirklich.

Mittlerweile haben wir die Möglichkeit, auf den gesamten pädagogischen Erfahrungsschatz der letzten Jahre zurückzugreifen und endlich etwas Neues zu machen. Es gibt viele psychologische Untersuchungen hinsichtlich Schulpädagogik. Ein eigener Forschungszweig ist hier über die Jahre entstanden. Das Schulsystem hat sich reformiert und verändert, die Hierarchien sind flacher geworden, und statt Frontalunterricht sind die Schüler und Schülerinnen jetzt angehalten, sich in Gruppenarbeit miteinander zu beschäftigen. Also könnte man sich doch genau jetzt auch dem Thema Mobbing mit einer neuen Ernsthaftigkeit widmen, oder etwa nicht? Gerade jetzt wäre es doch an der Zeit, dass dieses schwere Thema Mobbing von den Schulen ernst genommen wird!

ZUSAMMENFASSUNG: MOBBING

- Mobbing ist ein absichtlich körperlich oder psychisch schädigendes Verhalten gegen einen Einzelnen, bei dem der Täter dem Opfer überlegen ist.

- Mobbing richtet sich überwiegend an einzelne Personen und kann verbal oder körperlich stattfinden.

- In Deutschland waren 2017 nach Eigenaussage 16 Prozent der befragten Schüler und Schülerinnen von Mobbing betroffen.

- Mobbingopfer leiden unter Stress und können ernsthaft daran erkranken.

- Tipps gegen Mobbing gibt die Initiative Schüler gegen Mobbing: www.schueler-gegen-mobbing.de.

CHEYENNES WEITERER SCHULISCHER WEG

Natascha Ochsenknecht

Nach einigen Jahren in München, und nachdem Cheyennes Mobber ruhiggestellt worden war, zogen Cheyenne und ich schließlich nach Berlin. Hier meldete ich sie auf einer Waldorfschule an, wo ich einen geschützten Rahmen für sie schaffen wollte. Meine beiden Jungs, Jimi Blue und Wilson Gonzalez, waren ebenfalls auf einer Waldorfschule gewesen, und die gemeinschaftliche Atmosphäre machte einen guten Eindruck auf mich. Hier, so dachte ich, würde Cheyenne eine nette Schulgemeinschaft vorfinden, in der alternativer gelehrt werden würde, und sie hätte die Möglichkeit, sich freier und individueller zu entfalten. Tatsächlich hatten die Pädagogen dort allerdings ein großes Problem untereinander, und es herrschte eine seltsame Stimmung. Heute würde ich so weit gehen zu behaupten, dass die Lehrer sich dort gegenseitig gemobbt haben. Die meisten Lehrkräfte wollten sich vor allem selbst in den Vordergrund spielen und hatten kein wirkliches Interesse daran, ihren

Schülern zu begegnen. Da ich mich in der Schule engagierte und aufgrund von Cheyennes vorherigen Erlebnissen sehr feine Antennen hinsichtlich des Schulklimas entwickelt hatte, bekam ich sehr schnell mit, aus welcher Richtung der Wind hier wehte. Teilweise war es haarsträubend, wie die Lehrer sich ohne Umschweife auf dem Flur darüber stritten, wer beispielsweise den kursübergreifenden Bastelunterricht an der Schule leiten sollte. Das war wirklich absurd, denn die Fetzen flogen derartig, dass auch die Eltern und sogar die Schüler es mitbekamen. Einfach nur peinlich für eine Schule mit Vorbildcharakter. Und es gab auch andere seltsame Geschichten. Als ich mich mit einer Lehrerin ganz gut verstand, tuschelten die anderen Lehrer im Hintergrund über uns. Das war wirklich lächerlich. Ich dachte mir nur: Meine Güte, kümmert euch doch lieber um die Schüler als um den Lehrerzimmer-Tratsch! Wenn die Lehrer untereinander schon Schwierigkeiten hatten, miteinander klarzukommen, wie sollten sie dann den Eindruck eines gesunden progressiven Schulklimas vermitteln? Von Teamspirit oder der gemeinsamen Vision einer Schule, in der Schüler und Schülerinnen sich sicher und geborgen fühlten, war nichts zu spüren. Ich hatte hier einfach das Gefühl, den Lehrern waren die Schüler und ihre Probleme völlig egal.

Schließlich kam es zu dem Tag, an dem ich mitbekam, dass Cheyenne auch in ihrer neuen Schule Probleme bekam, weil sie sich etwas modischer kleidete. Ich sprach daraufhin eine ihrer Lehrerinnen an. Ich hatte kein Problem damit, das Cheyenne sich für Mode interessierte und ihren Style verändern wollte – schließlich hatte ich ja selbst lange als Model gearbeitet und fand es sowieso schwierig, junge Menschen in ihrer Kreativität und ihrer Persönlichkeit schon so früh einzuschränken. Es war ja nicht so, dass Cheyenne im Schulflur eine eigene Modenschau veranstaltete, sie zog einfach andere Sachen an als die Masse und experimentierte gern. Die Lehrerin, die ich ansprach, war etwas jünger als ich und würde – so dachte ich es zumindest – verstehen, warum ich es nicht gut fand, dass Cheyenne sich ohne Grund einschränken lassen musste.

Aber die Lehrerin schätzte die Situation völlig falsch ein und sagte mir im Vieraugengespräch, Cheyenne würde es sicher einmal guttun, wenn sie »reiten gehen« würde, weil »das Stadtleben ja so anstrengend« sei. Ich schüttelte den Kopf. Das durfte doch nicht wahr sein. »Reiten gehen«? Was sollte das denn für ein Tipp sein? Also entgegnete ich: »Sagen Sie mal, kennen Sie ihren Lebenslauf? Wissen Sie, wer von Ihren Schülern meine Tochter ist? Sie ist schon seit fünf Monaten auf dieser Schule – haben Sie sich einmal mit ihr unterhalten? Weil Sie es nicht wissen, sage ich es Ihnen: Cheyenne ist auf dem Land groß geworden.«

Die Lehrerin überhörte das und blieb bei ihrem Punkt, dass Cheyenne wohl Probleme mit der Stadt hätte. »So ganz allgemein …« Ich konnte nicht fassen, was ich mir da anhören musste. »So ganz allgemein Probleme in der Stadt …« Was hatte denn »die Stadt« damit zu tun, dass meiner Tochter verboten wurde, Klamotten anzuziehen, die sie gut fand?

In diesem Gespräch wurde mir klar, dass es auch auf dieser Schule nicht darum ging, sich mit den Kindern als Individuen auseinanderzusetzen. Die Lehrer machten die Regeln, sie gaben Richtlinien vor und bestimmten den Rahmen. Und Cheyenne fiel schon jetzt aus diesem Rahmen heraus. Und das war das Problem.

Ich nahm Cheyenne daraufhin von der Schule. Das passte hier einfach vorn und hinten nicht. In ihrer Schulkarriere erlebte sie keinen sonderlich geschützten Rahmen, und dadurch, dass sie so sensibel war und immer noch ist und von Anfang an gemobbt wurde, war ich sehr froh, als ihre Schulzeit vorbei war und sie endlich ihr eigenes Ding machen konnte, in dem sie voll und ganz bis heute aufblüht.

Und von Lösungsansätzen, Mobbing zu begegnen, habe ich bis heute von keiner Schule, auf der Cheyenne war, in irgendeiner Form etwas mitbekommen. Ich will hier nicht anklagend wirken und möchte hier keine wütende Streitschrift verfassen. Aber ich hätte mir wirklich gewünscht, dass es nach der schlimmen Grundschulzeit für meine Tochter bergauf gegangen wäre. Aber es hatte nicht einmal den Versuch gegeben, mich als Mutter davon zu überzeugen, meine Tochter würde auf der Schule gut behandelt werden.

Das liest sich jetzt vielleicht seltsam, aber ich war da sehr hinterher. Mir war und ist es immer wichtig, so wie es hoffentlich jeder Mutter wichtig ist, dass die eigenen Kinder es gut haben. In den Schulen, die ich kennenlernen durfte, herrschte einfach eine verkehrte Welt. Ich weiß nicht, ob es auch an dem Namen »Ochsenknecht« lag, der dazu geführt hat, dass die Lehrer sich einfach weniger für Cheyenne interessierten – getreu dem Motto: »Na ja, die Eltern und Geschwister sind ja überall zu sehen, die kümmern sich schon um das Promi-Kind.« Egal welcher Film da ablief, ich möchte mir gar nicht ausmalen, was passiert wäre, wenn ich kein Auge auf Cheyenne und ihre schulische Entwicklung gehabt hätte.

Die Schulen müssen in der Prävention von Mobbing einiges geraderücken. Meiner Meinung nach braucht jede größere Schule ein Team von zwei oder drei Mitarbeitern. Das müssen nicht einmal Lehrer sein. Sondern eben eine Art Sozialarbeiter, zu denen die Kinder gehen können, denen sich die Kinder anvertrauen und die im Prinzip wie Profiler durch die Schulen laufen und auch auf dem Schulhof mal schauen, welches Kind sich gerade zurückzieht, welches Kind Stress macht und so weiter. Diese Sozialarbeiter sollten bestenfalls auch mit im Unterricht sitzen und beobachten, wie die Lehrer mit den Kindern umgehen. Die Kinder sollten zudem befragt werden: Was meint ihr: »Wie würdet ihr den Unterricht gern verändern?«

Ich glaube, es klafft hier nämlich eine große Lücke. Zum einen auf der Seite der Lehrer und zum anderen auf der Seite der Kinder. Es muss also jemand her, der auf beiden Seiten vermittelt und das Ganze zusammenbringt. Es ist auch völlig unwichtig, wie dieser Sozialarbeiter jetzt aussieht. Ob tätowiert, gepierct, völlig egal. Hauptsache, er oder sie spricht die Sprache der Kids. Außerdem muss es für diesen Mitarbeiter unbedingt ein Büro in der Schule geben, wo ein Kind eben auch einmal hingehen kann. Schon in der Grundschule, spätestens aber in der fünften oder sechsten Klasse ist es gut, wenn die Kinder einmal von jemand Außenstehendem, der aber Kontakt mit dem Lehrerkollegium hält, gefragt werden: »Was denkt ihr denn? Wie fühlt ihr euch hier, was kann man verändern?« Das Ganze sollte unbedingt in einem angstbefreiten Rahmen stattfinden. Eben dass mit den Kindern geredet wird, wenn der Lehrer nicht dabei ist. So würden sich sicherlich authentischere Aussagen finden lassen – wenn es eben jemanden gibt, der sich klar als nicht zugehörig zur Schule positioniert. Wichtig ist es auch, den Kindern keine falschen Wahrheiten zu erzählen. Denn eines ist uns ja allen klar und keine Überraschung: Es ist nicht immer leicht, zur Schule zu gehen, und es macht auch nicht immer Spaß. Ich habe auch zu meinen Kindern irgendwann gesagt. »Leute, wisst ihr was? Ich hasse es, früh aufzustehen. Bei der Dunkelheit.« Aber im selben Atemzug habe ich auch immer wieder betont, wie wichtig es ist, in die Schule zu gehen – und auch, wie schön es sein kann, wenn man einmal da ist. So habe ich meine Kinder immer motiviert. Ich habe sie eben auch mit der Realität konfrontiert. Das passierte beispielsweise, wenn Cheyenne oder eines meiner anderen Kinder genervt von den Matheaufgaben war. Anstatt ständig von oben herab zu sagen, wie wichtig das Ganze jetzt sei und dass die Kinder das unbedingt alle machen müssten, habe ich auch gesagt: »Wisst ihr was? Ich hasse Mathe. Ich fand das immer doof. Aber in zehn Jahren, wenn ihr erwachsen seid und dann nicht rechnen könnt, sieht das richtig, richtig blöd aus.« Einerseits verständnisvoll, andererseits eben auch in eine gewisse Richtung lenkend. Das Ganze kann ja auch als Motivation gesehen werden. Im Sinne von »Weißt du, was für ein geiles Gefühl das ist, wenn du auf einmal die Lösung kennst? Du stehst dann über allem, bist vorn an der Tafel, jeder, auch deine Lehrerin, weiß, du kannst kein Mathe, und dann rechnest du den Lösungsweg vor. Das ist so ein klasse Gefühl, das musst du selbst erleben.« So muss man eben auch mit den Kindern umgehen, einfach genug loben. Aber das ist noch so ein Problem. Es wird eben oft Negativität an die Kinder herangetragen, und dann sehen sie die Welt eben auch negativ. Die Eltern müssen hier motivierend wirken und sagen, dass das faulste und langweiligste Leben eben nicht das schönste ist. Klar kann man sich dafür abfeiern, dass man nichts gemacht hat, aber das bringt doch keinem was. Es geht darum, das eigene Kind immer wieder zu motivieren, denn dass es zwischendurch keine Lust auf Schule hat, vielleicht auch wegen Mobbingvorfällen, ist doch klar. Aber Erwachsenen geht es doch oft ähnlich. Und wenn man es geschafft hat, sein Kind immer wieder zu motivieren, ist es sehr wahrscheinlich, dass das eigene Kind irgendwann zum Gegenschlag ausholt und einen selbst motiviert. Ich kenne das ja von mir. Mittlerweile, wenn ich keine Lust habe, meine Aufgaben zu erledigen, spornt Cheyenne mich an. Sie stellt mir einen Kaffee hin und sagt: »Komm, Mama. Trink den Kaffee, und dann geht es weiter!« Und dann schaue ich sie an und denke mir: Ja, danke für die Motivation, Cheyenne. Jetzt fange ich an, meine Aufgaben zu erledigen.

Eine Sache, die ich in diesem Buch noch gern unterbringen möchte, ist das Verhältnis von Mutter und Tochter beziehungsweise von Eltern und Kindern generell. Denn wenn ich öfter mit Cheyenne unterwegs bin, wird sie manchmal in meinem Beisein gefragt: »Ist die Mama eigentlich deine beste Freundin?« Ich antworte dann immer, dass ich die Mutter bin und nicht die beste Freundin. Das ist nicht das Gleiche. Und auch wenn ich mit meiner Tochter feiern gehe oder mich gern mit ihr zurechtmache, möchte ich immer Mutter bleiben und nicht die beste Freundin werden. Viele Eltern finden es vielleicht cool oder schmeichelhaft, wenn sie sagen, dass die Mama ja die beste Freundin ist. Aber für mich geht damit eine Art des Respekts verloren. Denn es ist ein großer Unterschied, ob man sich mit der eigenen Tochter oder der eigenen Mutter unterhält oder mit der besten Freundin. Ich finde es auch schön, »Mama« und »Papa« zu sagen, und nenne bis heute auch meine eigenen Eltern so.

WIE MIR DAS MODELN ZU NEUEM SELBSTBEWUSSTSEIN VERHALF

Cheyenne Ochsenknecht

»Cheyenne! Just Cheyenne!«, so stellte ich mich im Alter von fünfzehn Jahren bei meiner ersten Modelagentur in Paris vor. Ich hatte kein Interesse daran, meinen Familiennamen zu benutzen. Dieses »Hey, du bist doch die Tochter, die Schwester von … « wollte ich einfach nicht mehr hören, und auch wenn ich jetzt in Paris war und mich wahrscheinlich keiner kannte, hatte ich dieses Gefühl, dass es besser wäre, wenn ich nicht »Ochsenknecht« sagte, sondern einfach nur meinen Vornamen benutzte. Das in Paris, die junge Frau, die sich bei einer Modelagentur vorstellte, das war ich. Das war nicht die Cheyenne, die sich in der Schule zurücknahm und niemanden an sich ranließ, hier in Paris konnte ich zu hundert Prozent ich selbst sein.

Mir gegenüber saßen jetzt aber auch keine Lehrer, die mich nicht in die Nachprüfung gehen lassen wollten, oder Schüler, die irgendwelche Klatschstorys über meine Familie erfahren wollten, sondern Vertreter der bekanntesten Modelagenturen der Welt. Ich hatte ihnen meine Modelmappe überreicht und mich jetzt bei ihnen persönlich vorgestellt. Jetzt, zu diesem Zeitpunkt, wo ich mit der Schule endlich fertig war, hatte ich zum ersten Mal in meinem Leben wirklich das Gefühl, ich konnte mich frei entfalten und etwas komplett Eigenes und Neues starten. Jetzt ging es ausschließlich um mein Talent und um meine Fähigkeiten. Es war prägend für mich gewesen, dass ich viel von Mamas Job als Model mitbekommen und sie als Kind öfter bei Shows begleitet hatte.

In der Modelwelt ging es darum, interessant und individuell zu sein. Diese Welt war für mich quasi genau das Gegenteil von der Schule und zog mich deshalb auch wie magisch an. Hier musste ich mich nicht der grauen nickenden Masse anpassen, sondern der Fakt, dass ich eben etwas herausstach und mir wirklich oft lange überlegte, welche Kleidungsstücke ich wie kombinieren konnte, war hier von Vorteil.

Außerdem gab es eine feste Struktur. Und allein schon wegen der Labels, bei denen ich mich vorstellte, war ich wahnsinnig aufgeregt. Ich hatte ein heftiges Pensum mit bis zu fünfzehn Castings am Tag. Das hieß, um 6 Uhr aufstehen, eine Stunde Work-out, und dann war ich bis 22 Uhr unterwegs.

Ich war neugierig und wissbegierig auf diese Welt, in der ich beweisen konnte, dass ich nicht einfach nur die Verwandte von irgendwem war, sondern eine eigenständige junge Frau. Mein Umzug nach Paris war dann eine totale Bauchentscheidung, die ich bis heute nicht bereue. Meine Mama fuhr mich damals zum Flughafen nach Frankfurt. In Paris bestellte ich mir zum ersten Mal in meinem Leben ein Auto über Uber und fuhr zu meiner angemieteten Wohnung. Ich staunte nicht schlecht über die französische Metropole. Die verwinkelten Gassen, die vielen Cafés und Bäckereien und die belebte Pariser Innenstadt. Gemeinsam mit Rolf Scheider, dem ehemaligen Jury-Mitglied von »Germany's Next Topmodel«, fuhr ich auf seiner Vespa durch Paris und er half mir, mich bei Agenturen vorzustellen, und bestärkte mich in meinem Wunsch, Model zu werden.

Während dieser Zeit war es unglaublich befreiend, weg von der Schule zu sein und einfach mein Ding zu machen. Auch die ersten Jobs, die ich bekam, gaben mir ein gutes Gefühl, denn ich repräsentierte vor der Kamera nicht meine Schulklasse oder musste wie damals im Sitzkreis Fragen über meine Familie beantworten, sondern es ging zum ersten Mal in meinem Leben wirklich nur um mich, um meine Fotos und um den richtigen Walk.

In der Modelwelt zählt dein Name überhaupt nichts. Es ist erst mal egal, wer du bist, was sehr gut für mich war. Beim Modeln ist es vor allem wichtig, wie gut du performst und wie sehr du dich für einen Job ins Zeug legst. In der Schule hatten mir Lehrer und Mitschüler immer wieder das Gefühl gegeben, unselbstständig zu sein. Mir wurde nie wirklich die Chance gegeben, mich zu beweisen, und von Anfang an hieß es nur: »Ja, ja, die Ochsenknecht, die will hier ja eh nichts lernen.« So wurde ich abgestempelt und erst mal aussortiert.

Aber während meine ehemaligen Mitschüler damals noch nicht wussten, was genau sie nach ihrem Abschluss eigentlich machen sollten, versuchte ich nach meinem Abgang von der Schule und der nicht zugelassenen Nachprüfung so schnell wie möglich, als Model in Paris durchzustarten. Ich nahm mein Leben selbst in die Hand.

Aber dazu, sein Leben »selbst in die Hand zu nehmen«, gehörte eben auch zu erkennen, dass ich jetzt nicht mehr in

Deutschland war. Ich wohnte damals etwas außerhalb von Paris in Saint Denis, und meine anfängliche Freude über die französische Metropole löste sich hier irgendwann in Luft auf. Die Gegend war etwas rougher. Es gab viel Armut, und das Stadtbild war geprägt von Obdachlosen und Drogendealern. Zwar war es nicht so, dass ich Angst davor hatte, nachts allein rauszugehen, aber ich fühlte mich nicht wirklich wohl. Aber ich spürte in den Monaten, die ich hier lebte, dass ich kühler und tougher wurde – und mir ein Fell zulegte. Unbewusst stellte sich hier, in meiner neuen selbst gewählten Selbstständigkeit, auch meine Geisteshaltung um. Ich spürte, ich muss das hier jetzt schaffen, und merkte gleichzeitig, dass das alles hier, diese heftige Umgebung, dazu beitrug, dass ich innerlich wuchs und selbstbewusster wurde. Ich traf mich mit Freundinnen, ging essen und feiern und blühte richtig auf. Außerdem hatte ich hier ein Thema: modeln, modeln, modeln. Mein Traumberuf »Friseur«, den ich mir damals im Katalog ausgesucht hatte, war in weite Ferne gerückt.

Und auch eine andere Sache rückte mehr und mehr in den Hintergrund. Die Mobbinggeschichten. Zwar wurde mir mal bei einem Casting ein Bein gestellt, und es gab einige Zickereien, aber nichts war vergleichbar mit den Schulzeiten. Das Bild vom blutig-roten Rasen wich langsam anderen, schöneren Bildern. Mit ein Grund war aber auch, dass ich in Paris wohlbehütet in einer Art Gastfamilie lebte, die sich sehr um mich sorgte und auf mich achtete. Die harte Arbeit und mein Bauchgefühl, dem ich vertraute, zahlten sich schließlich mit der Zeit aus: Mittlerweile stehe ich bei mehreren international arbeitenden Modelagenturen unter Vertrag und werde regelmäßig in Mailand, Paris und New York gebucht.

Ich lief bei der Berliner und der Pariser Fashion Week, hatte ein Covershooting für das Fashion-Magazin »Grazia«, stand für die »Vogue Frankreich« vor der Kamera und arbeitete mit bekannten Marken wie Bvlgari, Mavi, L'Oréal, Combyne, Even&Odd, Laurèl und French Connection.

Das schreibe ich nicht auf, um irgendwie anzugeben oder zu betonen, wie »toll« ich jetzt bin, aber hätte man mir das in der Grundschule gesagt, als ich geschlagen, gedemütigt und erniedrigt wurde und meine Lehrer mich zurechtweisen wollten, weil ich exotischere, gewagte Outfits als die anderen trug, hätte ich nur den Kopf geschüttelt und mir das niemals zugetraut. Ich hatte damals, auch durch die ständigen Mobbingattacken, ein eher geringes Selbstwertgefühl. Ich schlief an manchen Tagen wirklich schlecht und wälzte mich unruhig unter meiner Bettdecke hin und her. Ich träumte nicht einmal mehr von meinen eigenen Visionen. Ich lebte einfach in den Tag hinein und hoffte nur darauf, den nächsten Schultag einigermaßen gut zu überstehen, ohne komplett ermüdet und traurig nach Hause fahren zu müssen. Ein Lichtblick war hier oft die wunderbare Beziehung zu meinen Brüdern, auf die ich seit jeher so stolz bin. Auf sie und auch auf ihren frühen Erfolg, denn auch das gab mir unbewusst immer Mut. Auch die »Wilden Kerle«-Drehtage, bei denen ich schon früh eine Mini-Statistenrolle als Cheerleaderin innehatte, sind bis heute tolle Kindheitserinnerungen, die mir niemand nehmen kann.

Ich gewann durch das Modeln neues Selbstbewusstsein und konnte mit meiner schulischen Vergangenheit vollkommen abschließen. Und auch jedem, der mich vorher, wenn ich meinen Wunsch, Model zu werden, ausgesprochen hatte, nur müde belächelt hatte, konnte ich jetzt durch meine Erfolge zeigen, dass ich es geschafft hatte. Ganz allein, mit eigener Kraft. Bis heute!

Sicher hatte ich über die Jahre auch mit einigen Rückschlägen zu kämpfen und bekam auch nicht jeden Job, den ich wollte, aber dass das dazugehört, war auch eine Lektion, die ich so lernte. Und so lief zum ersten Mal in meinem jungen selbstbestimmten Leben alles ziemlich normal ab.

Die Schrecken der Schule lagen hinter mir, und die Eigenschaften, die mir in der Schule als Schwäche ausgelegt worden waren, halfen mir jetzt und wurden zu meinen Stärken. Zweifelte ich, konnte ich auch mit meiner Mama sprechen. Ich will hier keinem von euch nahelegen, die Schule nicht ernst zu nehmen. Eine coole Klassengemeinschaft ist etwas sehr Schönes und Wertvolles – nur in meinem Fall war es leider wirklich erleichternd, als ich die Schule hinter mir lassen und meinen eigenen Weg gehen konnte. Als Model in Paris lag die Zeit des Mobbings endlich hinter mir. Dachte ich zumindest.

UND JETZT AUCH IM NETZ – DIE ERSTEN ANFEINDUNGEN AUF INSTAGRAM

Cheyenne Ochsenknecht

Denn was mich jetzt erwartete, war ein Mobbing, das unsichtbar war und sich schleichend näherte. Während ich modelte, meldete ich mich bei Instagram an und machte auch ein paar Instagram-Storys, um zu zeigen, was ich so erlebte. Ich nannte mich auf der Plattform ganz bewusst nicht »Cheyenne Ochsenknecht«, sondern »cheyennesavannah«, einfach weil ich als neutrale Person wahrgenommen werden wollte, ohne irgendwelche eventuellen Vorteile aufgrund meines Nachnamens zu bekommen. Ich wollte einfach ich selbst sein. Aber irgendwann spürte ich, dass sich etwas in den Nachrichten an mich und in den Kommentaren unter meinen Fotos änderte. Es gab jetzt keinen ausschlaggebenden Moment, ab dem ich wusste: Hier, genau da, in diesem Moment wurde ich das erste Mal über das Internet von jemandem gemobbt. Das kam eben irgendwann, als ich in Paris war – und ich ignorierte es zunächst. Das Ganze war irgendein beleidigender Kommentar unter einem Bild von mir. Aha?! Gelöscht. Der nächste. Okay! Gelöscht. Ich lebte einfach weiter, postete ab und zu, und manchmal kommentierte meine Mama unter einem Foto. Ich nahm es nicht so richtig wahr, und ich versuchte, das nicht an mich heranzulassen, aber heute weiß ich, dass sich das Ganze unterbewusst bei mir festgesetzt hatte.

Ich hatte aber keinen wirklichen Plan von Social Media und konnte damals nicht ahnen, dass dieser Account einmal die Reichweite haben würde, die er heute hat, und mir mittlerweile über 250.000 Menschen folgen. Das fühlt sich immer noch etwas seltsam und befremdlich an. Damals hatte ich einfach nur Lust, meinen Followern zu zeigen, was ich so mache, und hierfür war Instagram einfach eine super Plattform. Meine Freunde waren schon darauf angemeldet, und die Benutzeroberfläche war wirklich sehr einfach. Was ich aber auch noch nicht ahnte, war, wie schnell es passieren konnte, dass der Hass von dem Schulhof nun auch auf meinem Smartphone auftauchte.

Zu Anfang war alles noch relativ entspannt. Ich freute mich über jeden neuen Follower, der auf den »Folgen«-Button bei Instagram klickte, interagierte mit meinen Followern und bekam ein paar nette Nachrichten geschickt. Manchmal waren es Nachrichten von Menschen, die mich über meine Brüder oder meine Eltern kannten oder durch meine Modelaktivitäten auf mich aufmerksam geworden waren. Viele wünschten mir Glück bei meinem Weg und versahen meine Bilder mit Herzchen. Das fand ich nett! Neben dem wirklich netten Austausch gab es aber hin und wieder auch seltsame Nachrichten, die etwas »drüber« waren. Da wurde nach meinem Gewicht gefragt oder ob mein Aussehen wirklich natürlich oder »gemacht« sei. Ganz selten gab es auch einmal einige Nachrichten, in denen mir einfach ein Schimpfwort an den Kopf geworfen wurde, aber die ignorierte ich. Vor allem konzentrierte ich mich auf die positiven Nachrichten, und es war ein schönes Gefühl, auch wenn ich gerade im Ausland war, so viel Kontakt zu Followern aus Deutschland zu haben, die mich auch in meinem Werdegang begleiteten und bestärkten. Manche reagierten auf Storys, die ich machte, und einige schrieben mir, dass es sie inspirierte, wie akribisch ich daran arbeitete, als Model Fuß zu fassen. Das gab mir Zuspruch und half mir in meiner tiefen Überzeugung, dass ich auf dem richtigen Weg war. Ich freute mich darauf, nach einem langen anstrengenden Arbeitstag noch kurz in meinen Instagram-Account zu schauen und dort positive Nachrichten vorzufinden. Das war schon ein tolles Gefühl.

Eine gewisse Zeit lief auf dieser Plattform also wirklich alles gut, und die meisten Dinge, die dort passierten, waren positiv. Aber irgendwann kippte das Ganze. Unter meinen Bildern sammelten sich vermehrt andere Kommentare. Und zwar keine mit konstruktiver Kritik à la: »Das Foto ist schlecht belichtet, schade.« Nein, die Kommentare waren beleidigend und richteten sich ganz persönlich gegen mich. Ich solle mich doch bitte umbringen, wenn ich solche Fotos hochladen würde. »Wer so aussieht wie du, sollte auf offener Straße vergewaltigt werden«, schrieb mir jemand per Direktnachricht – und setzte einen Smiley dahinter.

Ich schluckte und mein Magen drehte sich um. Wer schrieb denn so was? Ich sah mir die öffentlichen Profile derjenigen an, die mir so etwas hatten zukommen lassen, und traute meinen Augen kaum. Viele Nutzer schienen nach außen hin ganz normal zu wirken. Auf ihrem Instagram-Profil posierten sie mit ihren Hunden, so wie ich mit Cupcake, gingen ins Fitnessstudio und machten Selfies mit ihren Freunden beim Eisessen.

Viele Kommentare kamen von Männern, die auf ihren Instagram-Profilen offensichtlich eine Freundin hatten, mit der sie beispielsweise romantisch vor einem Sonnenuntergang saßen und breit grinsend in die Kamera lachten. Wussten diese Freundinnen, was die Typen mir schrieben? War ihnen klar, dass der nette Freund sich nicht zu schade dafür war, nebenbei einfach noch mal Cheyenne Ochsenknecht zu schreiben, dass sie »fette Schlauchbootlippen« habe und damit anscheinend »richtig geil blasen« könne? Ich sah mir die Frauen auf den Fotos an, und sie taten mir irgendwie leid, dass sie mit solchen Arschlöchern zusammen waren, die ein absurdes Doppelleben führten. Ich hatte das Gefühl, ich wurde ausgenutzt. Ich war in diesem Moment das Ventil für diese Typen, die ihren Frust oder ihre Aggressionen loswerden mussten.

Die Tatsache, genau zu wissen, wer mir da schrieb, und dass diese Personen »echte« Menschen waren mit einem scheinbar ganz normalen Leben, überforderte mich. Ich wusste nicht, wie ich reagieren sollte. Bei den ersten Anfeindungen war ich ja noch etwas jünger als jetzt und hatte auch das Gefühl, ich wäre bis dahin die einzige Person, die sich solchem Hass aussetzen musste. Da gab es erst mal ganz einfache technische Fragen. Wie sollte ich mit den beleidigenden Direktnachrichten und den Kommentaren umgehen? Sollte ich die Kommentare löschen? *Musste* ich sie löschen? Sollte ich entspannt darauf reagieren und in ein Gespräch gehen? Oder das alles einfach ausblenden und ignorieren? Und: Was meinten diese Menschen denn? War irgendetwas falsch an mir? Hatte ich es mit einem Instagram-Filter etwas übertrieben? Ich war unsicher, und in meinem Kopf drehte sich alles.

Aus einer ersten Direktnachricht wurden dann schnell mehrere.

War es immer dieselbe Person, die mich mehrfach aufs Übelste beleidigte, blockierte ich sie. Aber dann kam jemand, der sich nicht einfach abschütteln ließ, sondern sich einfach noch einen zweiten Account erstellte und mich von dort aus weiter beleidigte. Es kamen Nachrichten, die auf die ersten Nachrichten Bezug nahmen. So etwas wie: »Hättest du jetzt nicht gedacht, dass ich dir wieder schreibe, oder? Du bist immer noch eine fette hässliche Kuh!« – das war schon krass. Nicht nur, dass es sich irgendjemand herausnahm, mich *einmal* zu beleidigen. Nein, da machte sich jemand ernsthaft die Mühe, mich noch einmal spüren zu lassen, dass er eine Blockierung einfach umgehen konnte, indem er sich einen neuen Account erstellte.

Was waren das, bitte schön, für Menschen? Und was hatte ich falsch gemacht? Gab es einen Grund, warum gerade mir fremde Menschen diese Nachrichten schickten? War ich der Grund? Der Fehler? Auf einmal fühlte ich mich sehr unwohl und allein. Ich war mitten in Paris, modelte, hatte die Schule hinter mir gelassen und war stolz darauf, was ich schon vor meiner Volljährigkeit alles erreicht hatte. Und jetzt saß ich allein in meiner Wohnung und hatte ähnliche Bauchschmerzen wie damals zur Schulzeit. Mein Magen zog sich zusammen, und mir wurde richtig schlecht. Es war wie damals. Nur dass es eben keine Schule gab, zu der ich gehen musste, und mir auch nicht klar war, wo genau jetzt der Ort war, der mir so schlechte Laune machte.

Ich griff zu meinem Handy und rief meine Mama an. Ihr erzählte ich, was vorgefallen war. Dass da plötzlich etwas Neues war, was das alte Gefühl von Unwohlsein wieder auslöste. Dieses alte Gefühl von Scham und Demütigung – nur in einer anderen Form. Irgendwie direkter, aber vor allem unsichtbarer, anonymer und nicht richtig verortet. Mit meiner Mama zu sprechen tat mir sehr gut. Ihr gegenüber konnte ich mich öffnen und genau erzählen, was vorgefallen war und wie ich mich dabei fühlte. Durch das Handy hindurch war sie eine Stütze für mich, und als ich anfing, so etwas zu sagen, wie »Oder habe ich vielleicht einen Fehler…?«, beendete sie meinen Satz und sagte energisch: »Cheyenne! Du hast keinen Fehler gemacht. Du bist hier nicht die Schuldige! Niemals!« Es war gut, dass meine Mutter diesen Gedanken, der in mir zu keimen drohte, gar nicht erst zuließ.

Während meiner Modelzeit in Paris war es also schon so, dass die Nachrichten, die mich erreichten, massiv wurden. Aber es waren eben Nachrichten. Niemand sagte mir so etwas von Angesicht zu Angesicht. Vielleicht ließ ich es deshalb, weil ich die Bedrohung erst nicht so wahrnahm, schleifen, dagegen vorzugehen oder mir einzugestehen, dass diese Nachrichten mich auf irgendeine Art und Weise doch belasteten.

Irgendwann reagierte ich schließlich und tat mehr, als einfach nur Kommentare zu löschen. Ich ging auf die Beleidigungen ein, und wenn jemand schrieb: »Boa, du bist hässlich«, dann sagte ich einfach so was wie: »Ja, findest du?« oder »Na ja gut, wenn du meinst.« Das machte ich auch aus Trotz. Ich dachte mir: Gut, wenn die mir so etwas schreiben, dann erwarten die ganz sicher nicht, dass ich lustige Sachen dazu schreibe, sondern die denken wahrscheinlich, ich gehe daran kaputt. Deshalb sagte ich mir: Okay, ich schreib jetzt etwas Lustiges dazu. Das hat mir am Anfang geholfen, das Mobbing zu überstehen. Manche antworteten dann mit: »Oh, du liest das ja wirklich. Das tut mir ja total leid, das war eigentlich nur Spaß!« Andere schrieben auch: »Oh, du antwortest mir wirklich, wie coooo-ool!!!« Und dann hieß es wieder: »Hey, tut mir leid, Cheyenne!! Ich wollte nur schauen, ob du mir wirklich schreibst.«

Ich wurde ein bisschen frech, aber auch, weil ich dachte: Come on! Langsam ist es wirklich gut. Wenn also jemand schrieb: »Du bist echt hässlich!!«, antwortete ich so was wie: »O ja, findest du?! Das stimmt – manchmal sehe ich wirklich nicht sooo gut aus!« Und auf meine Reaktion hieß es dann: »Oh, sorry, ich wusste nicht, dass du antwortest, das war nur, um zu gucken, ob du reagierst!!« Und dann habe ich gesagt: »Okay, aber hättest doch einfach irgendwas fragen können. So was wie: Hey, wie geht es dir? Darauf hätte ich locker geantwortet.« Und dann wurde sich in der Regel bei mir entschuldigt.

Irgendwann legte sich bei mir der Schalter um und ich wollte von einer passiven Rolle in eine aktive gehen und das Ganze nicht einfach auf mir sitzen lassen. Das half mir eine Zeit lang sehr!

Das ist auch die Frage, die in diesem Buch beantwortet werden soll: Wie kann man auf Hetze im Internet reagieren? Gibt es dafür überhaupt *die eine* Lösung? Was sind die besten Strategien, und was sagen Experten dazu? Damals ging ich reflexartig immer zuerst in die Verteidigung. Ich zog den Kopf ein und versuchte, die fiesen Nachrichten auszublenden. Wenn ich dann mal reagierte, dann versuchte ich, das Ganze herunterzuspielen. Ich ging inhaltlich auf die Kommentare ein und sagte beispielsweise so etwas wie, dass an mir überhaupt nichts gemacht und Fake sei, und ich allerhöchstens Schminke oder mal einen Instagram-Filter benutzte. Irgendwann sagte meine Mama zu mir: »Geh am besten nicht so in die Verteidigung und rechtfertige dich nicht für irgendetwas. Die Leute, die dir schreiben, kennen dich überhaupt nicht. Und sie haben auch kein Interesse daran, dich kennenzulernen. Sie nehmen ihre Wut und ihren Frust, weil sie selbst nichts auf die Reihe kriegen, und projizieren ihren Unmut dann auf dich. Das hat sich in deren Kopf eingebrannt. Diese Menschen sind es nicht wert, dass du dich mit denen über deine Figur, Persönlichkeit oder über deine Fotos unterhältst. Die sind genervt von ihrem Job, ihrer Frau oder von sonst etwas, sehen dann dein Profil und schreiben dir etwas Fieses, was sie eigentlich sich selbst sagen müssten. Wären die mit sich im Reinen, würden sie dir nicht anonym schreiben.«

Und hier hatte meine Mama einfach recht. Nur weil irgendwelche Leute im Internet nichts Besseres zu tun hatten, als mich aufs Übelste zu beleidigen, gab es keinen Grund für mich, mich schlecht zu fühlen.

Das ist eine wichtige Botschaft, die ich mit diesem Buch überbringen möchte. Wieso sollte man es zulassen, dass ein komplett fremder Mensch über deinen Gemütszustand regiert? Man muss versuchen, das Ganze einmal umzudrehen und die Perspektive zu wechseln. Denn in der Regel ist es ja ein Zeichen von Schwäche, einen vollkommen Fremden zu bedrohen und seinen angestauten Frust an ihm auszulassen.

Mit der Zeit lernte ich (und lerne es noch immer), richtig damit umzugehen. Eine Sache, die ich verstanden habe, ist zum Beispiel: Kommentiert man alles, was diese Menschen schreiben, dann gibt man den anonymen Hatern total viel Macht. Wenn man von einer einzelnen Person beleidigt wird und daraufhin sein komplettes Verhalten ändert, ist das Mobbing ja von Erfolg gekrönt. Die andere Person merkt: Aha, meine beleidigenden Nachrichten, meine Bedrohungen führen dazu, dass das Gegenüber etwas anders macht. Ich habe also mein Ziel erreicht! Aber Menschen, die so etwas schreiben, dürfen von keiner Seite das Gefühl bekommen, dass ihre Beleidigungen und Hassnachrichten zu irgendetwas führen. Ich glaube, die Menschen, die andere im Internet so krass beleidigen, haben in Wahrheit einfach nur ein trauriges Leben, sind frustriert und schicken aus ihrem Frust heraus solche Nachrichten. Im wahren Leben, wenn man sich auf der Straße begegnen würde, wären sie wahrscheinlich eher schüchtern und würden nach einem gemeinsamen Foto fragen.

Trotzdem ist eine fiese Nachricht – sei es auf Instagram, Facebook oder einer anderen Plattform – ja eine Nachricht, die erst mal wie aus dem Nichts in dein Leben eindringt, wenn sie auf dem Handy oder Tablet erscheint. Da ist dann eben die Frage: Wie geht man damit am besten in diesem Moment um?

Diese neue Art von Mobbing in der Onlinewelt, also Cybermobbing, stellte für mich und meine Mama eine Herausforderung dar. In der Schule war es, rein theoretisch, zumindest erst mal einfacher, das Mobbing zu umgehen. Da konnte man sich, theoretisch jedenfalls, an Lehrer wenden, und vor allem war meine Mama auch bereit, mich zu unterstützen. Aber was soll man machen, wenn es keinen Schulhof mehr gibt, auf dem ein Lehrer steht, oder wenn man nach der Schule nicht mehr nach Hause gehen und vom Tag berichten kann, weil man einfach erwachsen ist und das Mobbing nicht mehr an einen bestimmten Ort gebunden ist?

Cybermobbing erreicht einen überall. Und auch in meinem Fall war es egal, wo ich mich gerade befand: zu Hause auf der Couch, beim Sport, beim Abendessen mit Freunden, bei Foto-Shootings. Immer wenn eine Nachricht hereinkam oder ich durch die Kommentare eines neuen Fotos scrollte, kam unbewusst auch kurz die Angst hoch, dass die Nachricht mir den Tod wünschen oder jemand beschreiben könnte, was er mit mir anstellen würde.

Schließlich fasste ich einen Entschluss und sprach das Mobbing und die Nachrichten, die über Instagram auf mich hereinkamen, in einem Video ganz einfach an. Ich öffnete die Frontkamera und berichtete ganz offen und ehrlich darüber, dass ich viele Nachrichten bekommen würde, die nicht in Ordnung gingen und krasse, ekelhafte Beleidigungen seien. Ich würde das nicht einfach so auf mir sitzen lassen.

Der Zuspruch, den ich daraufhin von meinen Followern bekam, war enorm. Eine wahnsinnige Nachrichtenflut erreichte mich. »DANKE!« oder »Cool, dass du das mal öffentlich machst, das geht gar nicht klar!« waren die Reaktionen. Ich bekam auch liebe Nachrichten von Menschen, die schrieben: »Hey, Cheyenne! Wir sind für dich da! Halt durch!« Und dann dachte ich mir, dass es vielleicht nicht reicht, nur einmal zu sagen, dass man bedroht wird. Vielleicht musste ich die beleidigenden Nachrichten auch mal öffentlich posten, damit Zweifler und Leute, die glaubten, das wäre ja nicht so schlimm und ich würde mich vielleicht nur etwas anstellen, auch sehen konnten, was für Nachrichten ich tagtäglich bekam.

Eigentlich war ich immer dagegen, meine ganz privaten Gedanken zu veröffentlichen, aber das hier war ein Thema, was mich sehr beschäftigte und bei dem ich mir dachte, dass es unter meinen Followern garantiert superviele Jugendliche gab, die ebenfalls Opfer von Cybermobbing waren und anzügliche oder ekelige Nachrichten bekamen. Denen wollte ich sagen: »Hey, ihr seid nicht allein. Cybermobbing kann jeden treffen!«

Mir hat es sehr geholfen, Ende 2019 den Highlight-Ordner auf Instagram anzulegen, in dem ich die Nachrichten, die mich massiv beleidigten, bis heute sammele. Das gab und gibt mir jetzt auch viel Kraft. Denn anstatt dieses Problem einfach totzuschweigen, ging ich damals das erste Mal in die Offensive und wollte meinen Followern auch zeigen, dass eben nicht alles eine heile Glitzerwelt ist, sondern ich für all das, was ich auf Instagram hochlade – Fotos, Werbung, Eindrücke –, nicht nur gelobt, sondern auch angegangen werde. Außerdem wollte ich auch denjenigen, die mir Nachrichten oder anstößige Fotos schickten, ein wichtiges Warnsignal senden.

»Ihr seid nicht so anonym, wie ihr glaubt, und ich werde jede Nachricht, die mich beleidigt, der Polizei übergeben und Anzeige erstatten! Macht euch auf was gefasst, Hater!«

Ich habe mich öfter gefragt, was eigentlich im Vorfeld passieren sollte, damit kein Cybermobbing mehr vorkommt. Ich glaube, zuallererst sollten die Plattformen aktiver werden. Ein paar Kommentare werden bei Instagram zwar gelöscht, wenn man sie meldet – aber eben nicht alle. Außerdem spricht kaum ein Betroffener oder eine Betroffene über dieses große Problem. Es wird, gerade auf so einer Plattform wie Instagram, wo alle irgendwie funktionieren und sich total hübsch im perfekten Sonnenlicht an irgendwelchen Sandstränden fotografieren lassen (#sunny #BeachLife und so weiter), totgeschwiegen. Aber mir ist es wichtig, darüber zu sprechen und darüber zu berichten, wie schlecht es mir phasenweise ging.

Meine persönliche Cybermobbinggeschichte ist eine Geschichte, die mich erdrückt hat. Fast wie Anton damals, der mir schlaflose Nächte bereitet und dafür gesorgt hat, dass ich immer stiller wurde. Nur damals hat es irgendwann meine Mutter geklärt, weil sie spürte, dass es mir schlecht ging. Aber im Falle von Cybermobbing gab es nicht nur einfach *einen* Anton. Da gab es mehrere Nutzernamen, mit mehreren Accounts. Es waren keine echten Menschen, die ich tagtäglich sah oder noch sehe – und so, wie ich Anton sehr genau lokalisieren und auf ihn zeigen konnte, konnte ich es im Internet eben nicht. Und diese Verschiebung ins Internet sorgt dafür, dass es kaum noch eine Hemmschwelle gibt. Meine Mama hat es einmal so formuliert: »Früher, da haben sich die Eltern bei Streit unter den Kindern gegenseitig angerufen, und es wurde festgestellt: ›Dein Sohn hat Mist gebaut.‹ Oder ›Deine Tochter hat meinen Sohn geärgert‹, und dann wurde darüber gesprochen, und die Dinge wurden geklärt. Jetzt gibt es aber überhaupt keinen Zwang mehr, sich mit den Vorkommnissen auseinanderzusetzen. Denn wenn ich jemanden beleidige und auf eine »Hey, was soll das denn?«-Nachricht nicht reagiere – na gut, dann ist das eben so. Niemand fühlt sich in sozialen Netzwerken verpflichtet, sich für seine Beleidigungen oder Anfeindungen zu rechtfertigen, weil niemand – wie beispielsweise Eltern oder eben das Gesetz – dahintersteht und sagt: »Sorry, aber so geht das nicht.« Cybermobbing war für mich auch während meiner Modelzeit in Paris immer präsent. Es war irgendwann da, und ich hielt das Ganze einige Jahre stillschweigend aus. In der Schulzeit konnte ich Mobbingprobleme konkret lösen. Und auch als ich im Internet angefeindet wurde, war meine Mutter wieder da. Aber wir beide waren vor allem am Anfang überfordert, denn es gibt bei Cybermobbing zwar einen Katalog, wie man sich wehren sollte, aber den muss man sich als Betroffene oder Betroffener selbst erarbeiten. In der Schule ist das klar: »Sprich mit Lehrern, mit deinen Eltern, benenne das Problem, und irgendwie wird das Ganze geklärt.« Aber wie soll man intuitiv reagieren, wenn aus dem Nichts Nachrichten auf dich einprasseln?

»IST DOCH NUR 'NE DOOFE NACHRICHT« – PROBLEMFELD CYBERMOBBING

Natascha Ochsenknecht

Dass Mobbing enorme Folgen haben kann, haben wir ja bereits zu Anfang dieses Buches vorgestellt. Da es im Fall von Cheyenne hauptsächlich und aktuell um das Thema Cybermobbing geht, wollen wir uns diese Variante von Mobbing genauer anschauen. Aber zunächst einmal: Was meinen wir überhaupt, wenn wir von Cybermobbing sprechen?

In einer grundlegenden Definition wird Cybermobbing vom »Bundesministerium für Familien, Senioren, Frauen und Jugend« als Beleidigung, Bedrohung, Bloßstellung oder Belästigung von Personen mithilfe von Kommunikationsmedien, beispielsweise über Smartphones, E-Mails, Websites, Foren und Chats verstanden.

Im Falle von Cheyenne äußerte sich das Cybermobbing vor allem über Kommentare und Direktnachrichten bei Instagram.

Mobbing ist ja nicht wirklich ein neues Phänomen, aber da viele Konflikte vermehrt über Medien und das Internet ausgetragen werden, spricht man hier von Cybermobbing.

Die Erziehungswissenschaftlerin Dr. Julia Fluck erläutert im persönlichen Gespräch mit mir, dass sich gerade bei jemandem wie Cheyenne, die viele Instagram-Follower hat, das ganze zerstörerische Potenzial von Cybermobbing so richtig entfalten kann. Die Angriffsfläche, die Cheyenne bietet, ist nach Aussage der Wissenschaftlerin eben sehr viel größer, da sie theoretisch viel mehr Menschen erreichen kann und andersherum natürlich auch von viel mehr Menschen angeschrieben wird. Nach Dr. Fluck endet Cybermobbing ja auch nicht einfach mit dem Schließen der Haustür, denn das Postfach bei Instagram ist ja jederzeit geöffnet.

Früher zu Schulzeiten war es so, dass das Mobben vor allem vormittags in der Schule stattfand – maximal noch auf dem Weg hin zur Schule oder wieder zurück –, das gemobbte Kind konnte aber nach Hause kommen und die Tür schließen, wo es einen sicheren und geschützten Rahmen vorfand. Die Digitalisierung zerstört diese Schutzräume leider.

Cheyenne konnte mir zu Hause von ihren Erlebnissen berichten. Ich konnte sie zunächst trösten und dann weitere Schritte planen, damit das Mobbing aufhörte. Aber wenn jemand rund um die Uhr gemobbt werden kann, dann gibt es keinen Rückzugsort. Die ständig wiederholenden Attacken sorgen dafür, dass einem die Luft wegbleibt und es keine Zeit gibt, eine Strategie zu entwickeln.

Jede Hassnachricht hat theoretisch das Potenzial, jemanden neu aufzuwühlen. Und da ich Cheyenne sehr gut kenne und weiß, dass sie äußerst sensibel und empathisch ist, war es (vor allem am Anfang der Attacken) so, dass sie jede Nachricht las und bewusst oder unbewusst darüber nachdachte. Es ist leicht, das Ganze von außen zu betrachten und zu glauben, es wäre doch kein Problem, diese Nachrichten einfach zu ignorieren. Das ist aber der falsche Weg, denn es bringt Cheyenne bzw. den Betroffenen in eine Handlungsrolle. *Sie* muss handeln. Und das ist schon einmal grundlegend falsch, denn schuld ist nicht Cheyenne, wenn sie solche Nachrichten bekommt, sondern die Menschen, die diese Nachrichten verschicken. Stellen Sie sich vor, fünfzig verschiedene Menschen beleidigen Sie auf dem Weg zur Arbeit – begleiten Sie in die U-Bahn oder auf dem Fahrrad und tun nichts anderes, als Sie aus tiefstem Herzen zu beleidigen. Selbst wenn Sie sich vornehmen, diese fünfzig Menschen zu ignorieren – ich bin mir sehr sicher, Sie kommen mit einem unguten Gefühl im Büro an.

Wie soll das funktionieren, dieses »Einfach ignorieren«? Gar nicht! Denn Ignorieren ist der falsche Ansatz, den Tätern muss aufgezeigt werden, dass es Grenzen gibt und wir in einem demokratischen Rechtsstaat leben, in dem es Regeln gibt, an die sich gehalten werden muss.

Verleumdung hört ja nicht dann einfach auf, wenn man das Ganze ignoriert. Sicher ist es möglich, solche Nachrichten *nicht* zu lesen oder *nicht* anzuschauen, aber das ist ja nicht der Kern des Ganzen.

Für Julia Fluck ist Cybermobbing vor allem ein soziales Problem: Es gibt eine niedrige Hemmschwelle in den sozialen Netzwerken. Es ist eine einfache Nachricht, die man abschickt, aber es steckt eben viel dahinter, was die Täter nicht sehen. Apropos Täter: Die Expertin spricht davon, dass neun von zehn Cybermobbingtätern bereits vorher selbst Mobbingopfer waren. Hier gibt es also einen nachweislichen Zusammenhang. Vielleicht sollte man sich dessen bewusst werden, wenn solch eine Nachricht hereinkommt. Wer so etwas verschickt, war in seiner Vergangenheit fast immer auch Opfer, jemand, der jetzt allerdings versucht, den Spieß umzudrehen. Ziemlich erbärmlich eigentlich. Und so sind das Internet und die sozialen Netzwerke ein Werkzeug von vielen im Werkzeugkasten potenzieller Täter, um dem Frust über das eigene Versagen oder die eigenen schlechten Gefühle Abhilfe zu verschaffen.

Ein schon benanntes Problem, wenn es um das Thema Cybermobbing geht, ist die mögliche Anonymität der Täter, die Hetze und Verleumdung begünstigt. Wer anonym im Netz unterwegs war, musste bisher strafrechtlich mit wenigen Konsequenzen rechnen – aber dazu später mehr. Außerdem ist es natürlich leichter, andere online zu verletzen, weil man sich persönlich nicht begegnet. Die Opfer schauen auf einen Avatar, auf ein Bild, aber der Mensch, der dahintersteht, und die psychische Kettenreaktion, die so eine sich ständig wiederholende Beleidigung auslösen kann, sieht niemand. Ob irgendeiner der miesen Typen, die meiner Tochter auf Instagram geschrieben haben, dass sie »echt ekelhaft hässlich« sei, auch nur für eine Sekunde darüber nachgedacht hat, dass auf der anderen Seite eine neunzehnjährige Frau sitzt, die am Anfang ihres Lebens steht? Die sich fast alle Nachrichten und Meinungen zu Herzen nimmt, einfach weil sie zur Empathie und Nächstenliebe erzogen wurde? Die nach einem stressigen Tag auf ihrer Couch sitzt, sich vielleicht noch mit ihrem Freund gestritten hat, Ärger mit der Hausverwaltung hat und eine Grippe auskurieren muss, weil sie nächste Woche eigentlich einen wichtigen Termin hat?

Wie kann es sein, dass solche Typen so unmenschlich handeln können? Glauben solche Leute, die Nachricht kommt nicht an oder wird zensiert? Wie würden diese Menschen sich fühlen, wenn sie selbst oder ihre eigene Tochter, Mutter oder herzkranke Oma so massiv und persönlich beleidigt werden würde? Es ist wirklich unverständlich, welche Ausmaße diese Nachrichten in den letzten Jahren angenommen haben, und die Frage nach dem »Warum« wird wohl erst einmal unbeantwortet bleiben. Man muss eben versuchen, dieses Phänomen zu akzeptieren und damit umzugehen.

Ein weiterer Punkt, der den Kampf gegen Cybermobbing erschwert, ist die Tatsache, dass das Phänomen ziemlich neu ist. Und Cybermobbing ist eben auch kein statischer Begriff. Vielmehr ändern sich ja Plattformen und das Nutzungsverhalten der User. Wer hätte denn vor zehn, fünfzehn oder zwanzig Jahren schon gedacht, dass virtuelles Mobbing, das ja augenscheinlich erst mal keinen physischen Schaden anrichtet, so ein wichtiges und großes Thema wird? Soziale Netzwerke und Plattformen, mit denen es möglich ist, Leuten aus der Öffentlichkeit »zu folgen«, gibt es noch nicht allzu lange. Die Plattform Instagram existiert seit 2010 und ein Feature wie die Instagram-Story erst seit 2016.

Cheyenne und ich nutzen ja wie viele andere auch gerade die benannte Story-Funktion, um unsere Fans und Follower auf dem Laufenden zu halten. Aber dadurch, dass es diese Funktion seit vier Jahren gibt, ist es schwieriger geworden, allgemeingültige Strategien zu entwickeln, wie man sich am besten gegen solche Cybermobber wehren kann, die die »Antworten«-Funktion dieses Features missbrauchen. Man kann also sagen: Unsere sozialen Kommunikationsnetzwerke haben eine schnelle, unvorhersehbare Dynamik, und es kommen immer neue soziale Netzwerke hinzu. Mobbing auf dem Pausenhof kennt man ja schon seit vielen Jahren, und Strategien, diesem »analogen« Mobbing zu entgegnen, gibt es schon länger. Aber Cybermobbing hat eben für Täter den, wenn man es so ausdrücken will, »Vorteil«, sich der Dynamik des Netzwerks anzupassen.

Hier einmal ein Beispiel: Angenommen, es gibt in den nächsten zwei Jahren ein neues soziales Netzwerk, das ähnlich wie Instagram funktioniert. Viele von Cheyennes und meinen Fans sind auf diesem Netzwerk aktiv, und auch wir beide finden es, wie viele andere, sehr spannend und nett auf diesem neuen Netzwerk. Also wechseln wir dorthin und posten weniger unserer Inhalte (Fotos von TV-Sendungen, Modelvideos etc.) auf Instagram, sondern auf diesem neuen Netzwerk.

Nennen wir dieses neue soziale Netzwerk einfach mal »O-Fotos«. Seit Erscheinen dieses Buches und seitdem die Polizei und die Berliner Staatsanwaltschaft sich mit Cheyennes Mobbingfällen befasst und sie die Beleidigungen öffentlich postet, ist der Hass auf Instagram immer weniger geworden. Auch das Veröffentlichen ihres Instagram-Highlight-Ordners hat zu einer Sensibilisierung der Täter geführt. Das Phänomen Cybermobbing wirkt zunächst »besiegt«. Cheyenne hat ihren eigenen guten Weg gefunden, sich dem Hass zu stellen, und sich gewehrt. Wir deaktivieren also unsere Instagram-Accounts und ziehen mit unseren Followern auf diese neue Plattform um. Aber auf »O-Fotos« gibt es auch eine neue Möglichkeit für potenzielle Mobber, jemanden wie Cheyenne zu beleidigen. Bei »O-Fotos« ist es beispielsweise viel einfacher, jemanden in einem Foto zu markieren. Also wird Cheyenne dort von vielen Hatern auf obszönen Fotos verlinkt, ohne dass sie das wie vorher auf Instagram freigeben muss. »O-Fotos« lässt das einfach zu, und weil das Netzwerk neu ist (und sie auch keine Neukunden verlieren wollen), lassen sie die Hater gewähren. Und so geht das Spiel wieder von vorn los, und Cheyenne und ich müssen uns überlegen, wie wir unser Nutzungsverhalten anpassen.

Auch dies ist ein wichtiger Faktor, der berücksichtigt werden muss, wenn wir über dieses Thema sprechen. Cybermobbing endet nicht in dem Moment, wenn der temporäre, persönliche Hass auf *einer* Social-Media-Plattform beendet ist. Cybermobbing kann immer wieder auftreten, in einer neuen und veränderten Form. Es ist wie ein Virus, gegen das man immer wieder neue Antikörper bilden muss. Deshalb ist es wichtig, immer wieder darüber zu sprechen und das ganze Phänomen nicht unter den Teppich zu kehren, sondern erneut hervorzuholen, auch wenn es immer wieder schmerzt. Cybermobbing und seine Folgen sind weitreichend, und Cybermobbing ist nicht mit einer einfachen Formel zu besiegen. Man muss sich diesem Kampf stellen und ihn vor allem auch in der analogen Welt führen – eben indem man Täter zur Polizei und vor Gericht bringt, um ihnen zu zeigen, dass ihre digitalen Handlungen auch in der echten Welt Folgen haben. Denn die Taten finden nachweislich statt, und einfach nur zu sagen, dass dies eben das Internet sei, ist keine Ausrede, denn das Internet ist schließlich kein rechtsfreier Raum, in dem jeder tun und lassen kann, was er will.

Der Fakt, dass Cybermobbing ein real existierendes Problem ist, beweist ein Blick in die Statistik. Spannend ist hierbei auch die Frage, wer von Cybermobbing betroffen ist?

Die Studie »Cyberlife II – Spannungsfeld zwischen Faszination und Gefahr« des »Bündnisses gegen Cybermobbing« von 2017 gibt Auskunft. Hiernach sind junge Menschen bis zwanzig Jahre am häufigsten von Cybermobbing betroffen. Die Zahl derjenigen, die angaben, schon mal Opfer von Attacken im Netz gewesen zu sein, beträgt 17 Prozent. Danach sinkt die Zahl bei den Einundzwanzig- bis Fünfundzwanzigjährigen auf bis zu 12 Prozent und bei den Sechsundzwanzig- bis Dreißigjährigen finden sich »nur« noch rund 9 Prozent, die angaben, in der Vergangenheit Opfer von Cybermobbingattacken gewesen zu sein. Man kann also sagen, dass jeder zehnte Erwachsene zwischen zwanzig und dreißig Jahren in seinem Leben schon einmal Opfer von Cybermobbing gewesen oder zumindest damit in Kontakt gekommen ist. Die Experten sind sich allerdings auch einig, dass die Dunkelziffer der unbekannten Fälle und still Leidenden weitaus höher ist, als in der Statistik angegeben. Das muss man sich einmal vor Augen führen: Fast 20 Prozent der Menschen unter zwanzig Jahren, also knapp zwei von zehn Jugendlichen, sind nach eigener Aussage von Cybermobbing betroffen – wahrscheinlich noch mehr.

Ein Problem ist hier auch sicherlich die fehlende Medienkompetenz der Eltern. Häufig wissen Erwachsene nicht, was ihre Kinder in den Netzwerken machen, und haben keine Ahnung, wie das »mit Instagram und so« funktioniert und was in einem Newsfeed zum Beispiel passiert. Und auch an Elternabenden in den Schulen sollten Eltern hierzu bestenfalls Einweisungen bekommen bezüglich des Handlings von Instagram und Co. Dass man beispielsweise am Ende einer solchen Veranstaltung (bei der es ja oft auch um so »wichtige« Sachen wie die richtige Farbe der Schnellhefter geht) den Eltern mal einen Crashkurs gibt. »So, jetzt zeigen wir Ihnen mal zwanzig Minuten lang, was Ihre Kinder theoretisch so treiben, das hier ist Instagram, und das sollten Sie auch mal kontrollieren, denn Ihre Kinder sind ja noch keine achtzehn.« Das wäre ein erstrebenswerter Ansatz. Viele Jugendliche tummeln sich eben auch in geschlossenen WhatsApp-Gruppen, hier ist es auch wichtig, dass Eltern zumindest wissen, dass es so etwas gibt, auch um den Kindern mitzugeben: Ich weiß Bescheid. Und im Falle von Instagram ist es auch so, dass viele Kinder und Jugendliche mehrere Accounts haben. Einfach weil es relativ leicht ist, sich mehrere zu erstellen. Das wissen die meisten Eltern natürlich nicht. Wenn man Instagram beruflich macht, ist es ja nachvollziehbar, warum man sich mehrere Accounts erstellt. Aber warum sollte sich ein Kind, das in der Regel keine eigene Firma hat, einen zweiten »Business«-Account erstellen? Es wäre gut, wenn man der Plattform also nachweisen können müsste: Deshalb brauche ich jetzt einen neuen Account. Aber momentan ist ein neuer Account in Sekundenschnelle erstellt und kann für allen möglichen Unsinn genutzt werden.

Eine Schulung für Eltern wäre also sehr wichtig. Denn das Ganze ist natürlich auch eine Generationenfrage. Viele Eltern scheuen soziale Netzwerke und halten sich hier eher zurück. Facebook, Instagram, Twitter? Diese Schlagworte machen manchmal Angst. Hier muss bei Erwachsenen kommuniziert werden: Hör zu, wenn du bei Facebook mitmachst, findest du eventuell alte Freunde wieder. Oder Teile deiner Familie! Schon nicht schlecht, oder? Denn bei allem Negativen ist es ja auch so, dass soziale Netzwerke einen am Leben teilhaben lassen. Es hält fit im Kopf. Auch die tagtägliche Berichterstattung kann kommentiert werden. Meine Mutter geht mit ihren achtzig Jahren beispielsweise relativ regelmäßig auf die SPIEGEL-Facebook-Seite und streitet sich da in den Kommentaren – und ich bin froh darum! Sie scheut nicht davor zurück, in den sozialen Netzwerken aktiv zu sein und ihre Meinung zu äußern.

Das Engagement von Eltern in sozialen Netzwerken hilft also dabei, frühzeitig zu erkennen, ob jemand von Cybermobbing betroffen ist – oder eben nicht. Diesen Typen vom Schulhof kannte ja jeder. Aber jemand, der bei Facebook schreibt, ist eben nicht auf dem Schulhof. Und woher soll ein Elternteil denn wissen, was überhaupt los ist? Wird dem Ganzen dann nicht nachgegangen, weil nie ein Gefühl dafür entwickelt wurde, dass es so was wie Cybermobbing überhaupt gibt, können die Folgen fatal sein.

Vielleicht hat vor allem das Bewusstsein darüber, dass es Cybermobbing gibt, etwas mit einem Generationskonflikt zu tun.
Es ist für viele ältere Menschen relativ leicht, Cybermobbing
zu ignorieren, weil sie selbst nicht davon betroffen sind. Und
wenn man schon etwas älter und kein »Digital Native« ist, also
nicht jemand, der mit dem Internet aufgewachsen ist, hat man
eben ein anderes Gefühl für soziale Netzwerke. Aber nur weil
es einem selbst nicht widerfährt, ist das Problem ja dennoch
vorhanden.

Wenn Kinder und Jugendliche ihren Eltern am Esstisch erzählen, dass sie im Internet gemobbt werden, kann es passieren, dass ihnen nicht geglaubt wird oder die Erfahrungen der
Kinder und Jugendlichen unter den Teppich gekehrt werden.
Da der Erfahrungsschatz der Eltern nicht so weit reicht, kann
es passieren, dass sie dieses Problem wegwischen. »Normales«
Mobbing kennen die meisten Eltern. Sie haben es (zumindest
aus Berichten oder als Augenzeuge) in ihrer eigenen Schulzeit
erlebt. Mobbing ist ja auch ein Thema in der Popkultur und
auch am Arbeitsplatz und im Erwachsenenalter etwas, was die
meisten kennen. Seit Jahren gibt es hierzu reichlich Fachliteratur, und es wird auch etwas getan, um präventiv gegen Mobbing vorzugehen. Berichtet ein Kind also von Mobbing in der
Schule oder im Sportverein, wissen die Eltern ziemlich schnell
und genau, was gemeint ist, da sie denselben Erfahrungsschatz
teilen.

Aber wenn es heißt: »Mama, der Uwe schreibt mir dauernd
auf Insta nervige DMs«, stellt sich erst mal bei Eltern die Frage:
Was ist denn überhaupt Insta? Und was sind denn bitteschön
DMs? Und wer ist dieser Uwe?

Viele Experten sehen also auch ein Problem in der geringen
Medienkompetenz der Eltern, die das Problem gar nicht erkennen können, selbst wenn sie es wollten. Da ich selbst viel in

sozialen Netzwerken unterwegs bin, bin ich hier fast auf demselben Stand wie Cheyenne und habe einen guten Blick für die meisten Entwicklungen – auch wenn es selbst mir schwerfällt, den neuesten sozialen Trends zu folgen.

Arten von Cybermobbing

Ich glaube, es ist auch noch einmal wichtig, darauf einzugehen, dass Cybermobbing nicht gleich Cybermobbing ist, sondern es verschiedene Arten gibt.

Ich finde es schon wichtig zu wissen, dass man es hier mit einer Sache zu tun hat, die sich beschreiben lässt. Der Begriff ist nicht ganz eindeutig definiert, da aufgrund der unterschiedlichen Übersetzungen in verschiedenen Ländern unklar ist, was genau gemeint ist. In Deutschland wird vor allem zwischen einer direkten und einer indirekten Form von Cybermobbing unterschieden. Bei der direkten Form kommt es zu einem tatsächlichen Kontakt zwischen Täter und Opfer. Meistens bleibt der Täter anonym, beispielsweise in einem Chat. Das Opfer hat keine Ahnung, von wem die Aggression jetzt eigentlich genau ausgeht. Wer versteckt sich hinter dem seltsamen Instagram-Account? Wer ist der anonyme Facebook-Nutzer, der plötzlich aus dem Nichts aufgetaucht ist? Diese Unsicherheit erhöht natürlich die Angst und den Leidensdruck.

Bei Cheyenne ist es so, dass sie keinen ihrer Täter kennt, was natürlich zusätzlich zu einem schlechten Bauchgefühl führt. Denn wenn jemand schreibt: »Ich will dich richtig krass vergewaltigen«, ist ja nicht klar, ob das »nur« eine Nachricht ist oder sich dahinter wirklich ein kriminelles Motiv verbirgt. Gut möglich, dass diese Nachricht nur ein Spruch von einem Halbstarken ist. Vielleicht steckt hierhinter aber auch eine reale Gefahr, und ich muss mir ernsthafte Sorgen um meine Tochter machen. Schlimm ist die Nachricht in jedem Fall.

Bei den indirekten Cybermobbingformen kommt es zu keinem direkten Kontakt zwischen Täter und Opfer. Die Verleumdung, die Demütigung und Bloßstellung erfolgt erst mal nur über indirekte Wege.

Eine weitere Form von indirektem Cybermobbing ist die sogenannte »Denigration«, wenn also Gerüchte und Lügen verbreitet werden und Menschen über das Internet von einzelnen Tätern diffamiert und bloßgestellt werden. Ferner gibt es die »Impersonation«. Gemeint ist hiermit das Auftreten unter falscher Identität. Über gefälschte Profile oder gestohlene Passwörter wird in eine andere »Person« geschlüpft, und im Namen dieser Person werden Lügen oder Gerüchte verbreitet.

Bekannt ist auch das Phänomen »Outings and Trickery«. In dieser besonders perfiden Art von indirektem Cybermobbing führt der Täter mit dem Opfer eine vermeintliche vertrauliche Kommunikation und suggeriert Vertrautheit und Intimität innerhalb der wechselseitigen Mitteilungen. In Wirklichkeit werden aber alle Inhalte – oft auch vertrauliche Bilder und Videos – an eine große Gruppe weitergeleitet.

Vor allem im Schulkreis bekannt ist die sogenannte »Exclusion«. Gemeint sind damit der Ausschluss und die Ausgrenzung. Der Täter oder der Täterkreis agiert mit anderen Mitgliedern einer Onlinegruppe und veranlasst diese, das Opfer auszuschließen. Der Ausschluss wird dann meist mit Lügen, Beleidigungen, Bloßstellungen und Gerüchten begründet.

Neben diesen indirekten Formen gibt es aber auch die direkten Formen von Cybermobbing. Bekannt ist das »Flaming« – also Beleidigungen und Beschimpfungen. Weiter spricht man von einem »Harassment«, wenn eine Belästigung und Diffamierung mit zielgerichteten Attacken erfolgt und es nicht bei einer einzelnen Nachricht bleibt. Aber das Ganze kann auch noch weiter gehen. Beispielsweise beim »Cyberstalking«. Hier werden Personen durch soziale Netzwerke verfolgt, bedrängt und belästigt. Die Motivlage ist hier eine andere als bei den meisten Formen von Cybermobbing, denn die begehrte Person wird meistens idealisiert und positiv dargestellt . Es wird ja ein Kontakt mit dem Opfer gewünscht – quasi eine digitale Form des Stalkings. Hinzu kommt noch das »Happy Slapping«, also körperliche Angriffe gegen unbekannte Passanten oder Mitschüler, die gefilmt und öffentlich im Internet zugänglich gemacht werden.

Und zuletzt das sogenannte »Cybergrooming« – die gezielte Anbahnung sexueller Kontakte mit Minderjährigen über das Internet, meist durch ältere Männer, die sich in Chats gegenüber Minderjährigen als gleichaltrig ausgeben. Immerhin gab es Anfang dieses Jahres eine Gesetzänderung. Aber mehr dazu in einem späteren Abschnitt.

Im amerikanischen Raum ist das Phänomen der Suizide nach Cybermobbing sogar so stark ausgeprägt, dass in der Fachliteratur mittlerweile ein eigener Begriff eingeführt wurde: »Bullycide.« Das Wort setzt sich aus den beiden Worten »bullying« und »suicide« zusammen. Und spätestens, wenn die Fachliteratur einen eigenen Begriff für ein Phänomen einführt, muss man sich wirklich Gedanken dazu machen, in was für einer schrecklichen Welt wir eigentlich gerade leben.

Das Phänomen Cybermobbing ist, wie beschrieben, sehr vielgestaltig und facettenreich. Das wirkliche Problem liegt ja in der ungeheuren Verbreitungsmöglichkeit und in der Unkontrollierbarkeit, die durch die sozialen Medien ermöglicht werden.

Nach all diesen Auflistungen, Studien und Vergleichen werden manche sich jetzt vielleicht fragen: »Aha, Frau Ochsenknecht, was Sie da erzählen, ist ja sehr spannend, und diese Auflistung der Formen von Cybermobbing ist ja auch bestimmt hilfreich … Und was Ihrer Tochter da widerfährt, ist bestimmt auch sehr schlimm, aber einmal abgesehen von diesem Einzelfall, ist das Thema denn überhaupt relevant? Kann man das nicht einfach ignorieren? Muss man das nicht sogar ignorieren? Kann man das nicht einfach runterschlucken? Mussten Sie als Mutter denn wirklich mehre Instagram-Videos aufnehmen, in denen Sie lauthals herumpoltern? Ist Ihnen das nicht peinlich?«

Zu diesen Gedanken, die vielleicht aufkommen könnten, möchte ich gern ein paar Sachen sagen. Denn wie bereits beschrieben kann Cybermobbing schlimme Folgen nach sich ziehen und bis zum Suizid führen. In der Vergangenheit gab es hier immer wieder Fälle, die eine große Öffentlichkeit aufhorchen und erschaudern ließen. Es ist schwer und nicht besonders schön, über diese Fälle zu sprechen, aber ich glaube, für eine dauerhafte Sensibilisierung ist es wichtig, sich auch damit auseinanderzusetzen und sie wieder, wieder und wieder zu erzählen. Denn es gibt sie, die Jugendlichen, die aufgrund von Cybermobbingattacken wehrlos und verzweifelt sind und keinen weiteren Ausweg sehen, als ihr junges, hoffnungsvolles Leben zu beenden.

So nahm sich im Jahr 2007 die damals dreizehnjährige Megan Maier aus Missouri das Leben. Ein angeblich sechzehnjähriger Junge namens »Josh« aus ihrer Nachbarschaft hatte ihr zuvor über die Plattform Myspace geschrieben. »Josh« schrieb, die Welt sei ohne sie ein besserer Ort. Dann wurde sie mehrfach als »fette Sau« beleidigt. Zuvor war »Josh« im Chat sehr nett zu dem Mädchen gewesen, die an ihrem Übergewicht gelitten hatte. Megan Maier erhängte sich schließlich in ihrem Kinderzimmer mit einem Gürtel. Ihre Mutter fand sie leblos vor. Nachdem die Polizei ermittelt hatte, wurde die Tat schließlich aufgeklärt. Hinter dem Account von »Josh« steckte eine neunundvierzigjährige Frau, die nur einige Häuser weiter wohnte. Wie sich später herausstellte, war es für die Täterin wie auch für ihre Kolleginnen in einer Werbeagentur ein großer Spaß gewesen, als »Josh« Beleidigungen an das Mädchen zu schicken. Es war wohl so etwas wie ein Zeitvertreib gewesen.

Bereits 2008, also vor über zehn Jahren, schrieb die Tageszeitung die WELT, die über den Fall berichtete, dass die Tat einen ganz klaren Trend beschreibe. So nehme Cybermobbing unter Jugendlichen vermehrt zu. Pädagogen betonten dabei, nicht die Natur der Teenager habe sich geändert, auch das Internet mit all seinen Möglichkeiten der einfachen, rasanten, anonymen Verbreitung von Inhalten habe das Mobbing auf eine neue Ebene gehoben. Die Zeitung zitierte damals einen Erziehungswissenschaftler an der Minnesota State University, der bereits 2008 zu verstehen gab: »Die Jugendlichen, die zum Ziel der Attacken werden, sehen das ganze Cyberuniversum gegen sich«, und weiter: »Das Mobbing ist nicht mehr auf die Schule begrenzt. Es ist immer und allgegenwärtig.« Das ist lange her, als soziale Netzwerke noch in den Kinderschuhen steckten.

Ein weiterer sehr bekannter Fall, ereignete sich 2012. Nachdem die fünfzehnjährige Amanda Todd aus Kanada einem fremden Mann Bilder ihres nackten Oberkörpers geschickt hatte, wurde sie von ihm erpresst. Es folgte ein Schulwechsel, Selbstverletzungen, und schließlich nahm sie sich das Leben. Als wäre das noch nicht schlimm genug, erstellte sie vor ihrem Suizid ein Video, das sie auf YouTube hochlud. Sie hält dabei handgeschriebene Zettel vor die Kamera und erzählt dem Zuschauer so ihre lange

Leidensgeschichte. Auf einem der letzten Zettel, den sie vor die Kamera hält, steht: »I have nobody. I need someone.«

Es ist schwer, diese wahnsinnige Traurigkeit in Worte zu fassen, und den Inhalt dieses Videos wiederzugeben, schmerzt beim Schreiben. Aber genau wie die Geschichte von Megan Maier ist auch die Tragik von Amanda Todd eine Geschichte von Cybermobbing in seiner schlimmsten, in seiner endgültigsten Form. Neben diesen beiden jungen Mädchen, die einen sinnlosen Tod starben, gibt es noch viele weitere Beispiele von Todesfällen, die hier nicht weiter benannt werden sollen.

Eines haben sie aber alle gemeinsam: Der Ursprung, der Grund oder der Auslöser für den Suizid dieser jungen Menschen ist Cybermobbing. Punkt. Das müssen wir einfach wahrnehmen.

Langzeitfolgen von Cybermobbing

Es klingt wirklich unglaublich, aber nach der bereits genannten Studie von Vodafone in Zusammenarbeit mit YouGov aus dem Jahr 2015 hatte jedes fünfte Cybermobbingopfer in Deutschland bereits Suizidgedanken. Jedes fünfte! Das entspricht in realen Zahlen fast 280.000 Schülern und Schülerinnen in Deutschland. Das muss man sich immer wieder vor Augen halten, wenn man glaubt, eine einfache Beleidigung im Internet könne keine Konsequenzen haben. Cybermobbing ist ein enormes Problem und kann, wenn es totgeschwiegen wird, sogar zum Suizid führen. Und dem muss man mit aller Kraft entgegentreten. Immer und überall!

Cybermobbing ist immer mehr als nur eine Nachricht, die verschickt wird. Die psychischen Folgen für Betroffene durch derartige Angriffe sind massiv.

Viele Betroffene leiden unter Depressionen, entwickeln Essstörungen oder trauen sich nicht mehr aus dem Haus. Vor digitalem Mobbing gibt es keine Flucht, auch nicht im sicheren Zuhause. Cybermobbing greift noch tiefer als klassisches Schulmobbing, und die Täter handeln viel skrupelloser, weil sie glauben, dass alles anonym stattfindet.

Cybermobbing kann ganz klar langfristige psychologische Schäden verursachen. Die erschreckenden Auswirkungen des Phänomens werden mittlerweile sehr ernst genommen, und in den vergangenen Jahren wurden Kampagnen zur Förderung von Medienkompetenz bei Kindern und Jugendlichen und Präventionsprojekte ins Leben gerufen. Auch die Europäische Union hat längst die Gefahren erkannt und 2009 das »Safer Internet Programme« verabschiedet, an dem sich 26 europäische Länder beteiligen.

Im Gespräch mit jetzt.de machte die Leiterin des Referats »Chats, Messenger und Communitys« der Plattform jugendschutz.net klar: Mobbing und Cybermobbing kann man gar nicht getrennt voneinander betrachten. Meistens resultiert das eine aus dem anderen, weshalb beim Thema Cybermobbing die gleichen Regeln wie im realen Leben gelten müssen. Wichtig ist in erster Linie: Offenheit, darüber reden, um langfristige Folgen zu vermeiden. Kommunikation ist hier der Schlüssel. Es ist heilsam, sich seinem Umfeld bei Problemen oder Schwierigkeiten zu öffnen. Frust in sich hineinzufressen bringt in keiner Lebenslage etwas. Wenn Menschen miteinander kommunizieren, stellen sie durch den Austausch von Informationen immer eine Beziehung her. Klar wollen wir uns immer, gerade vor Menschen, die wir vielleicht nur flüchtig oder kaum kennen, auch gut verkaufen und darstellen. Wir reden nicht über unsere Schwächen oder darüber, was uns bedrückt. Ist ja auch seltsam.

Stellen Sie sich einmal vor, Sie sind mit Freunden verabredet und werden der neuen Partnerin eines Freundes vorgestellt. Sie sind höflich und nett, und wenn Sie gefragt werden, wie es Ihnen geht, werden Sie dieser »neuen« Person sicherlich nicht davon erzählen, dass Sie privat und beruflich gerade eine schwierige Phase haben … dass Ihr Chef Ihnen beispielsweise gehässige E-Mails schreibt und Sie sich unwohl fühlen. Vielmehr machen Sie gute Miene zum bösen Spiel und erzählen, dass in Ihrer Welt momentan alles ganz gut läuft. Und das ist ja, offen gesagt, völlig normal.

Aber stellen Sie sich das Szenario einmal anders vor. Sie sind mit einem guten Freund verabredet und tauschen sich über die jüngste Vergangenheit aus. Sie denken an die fiesen tyrannisierenden E-Mails, die Sie auf der Arbeit immer hinunterschlucken, weil Sie den Job brauchen. Aber auch jetzt schweigen Sie und umgehen die Frage, »wie es im Büro so läuft« galant, indem Sie vom Thema ablenken. Sicher ist es die Entscheidung jedes Einzelnen, sich jemandem zu öffnen. Aber was passiert, wenn sie die Sticheleien dauerhaft für sich behalten?

2012 haben die beiden deutschen Wissenschaftler Marcus Mund und Kristin Mitte in der Fachzeitschrift »Health Psychology« erstmals die Studie »Die Macht der Verdrängung« veröffentlicht, die den Zusammenhang zwischen emotionaler Verdrängung und körperlichen Beschwerden darlegen. Und tatsächlich gibt es Zusammenhänge zwischen dem Phänomen der Verdrängung und einigen Krankheiten. Der Blutdruck verändert sich bei sogenannten Repressern, also Menschen, die regelmäßig ihre negativen Gefühle unterdrücken. Der Frust wird nach innen getragen und manifestiert sich dort. Der Weg zu Burn-out und Ansätzen von Depressionen ist geebnet. Man fühlt sich scheinbar ohne Grund unwohl, wird mürrisch und ist schlecht gelaunt. Tief im Inneren ist vielleicht klar, worum es geht, nämlich dass der angestaute Frust nicht nach außen getragen wird, aber es ist bereits schon zu spät. Vielmehr fühlt man sich von seiner Außenwelt unverstanden. Aber niemand kann von außen in einen hineinschauen, man muss sich verständlich machen – eben durch eine ganz direkte Kommunikation.

Das ist vielleicht nicht immer einfach, aber wenn man sich nicht seinen besten Freunden, Partnern oder seiner Familie öffnen kann, wem denn sonst? Denken Sie also daran, um gesund zu bleiben: Fordern Sie von Ihren engsten Mitmenschen ein, dass sie Ihnen, wenn Sie etwas auf dem Herzen habe, zuhören, weil Sie es umgekehrt genauso tun würden – ein Geben und Nehmen.

In meiner Vergangenheit war ich im Privaten immer sehr direkt und habe nie Frust in mich hineingefressen, sondern mich bei auftretenden Problemen immer verständlich gemacht. Diese Verhaltensweise habe ich auch meinen Kindern in der Erziehung versucht beizubringen. »Kinder, sprecht über eure Gefühle«, war immer ein Leitmotiv. Und bis heute halte ich viel und regelmäßig Kontakt zu meinen Kindern. Sie wissen, dass sie bei Problemen immer zu mir kommen können, und ich weiß, dass auch ich mich immer bei ihnen melden kann. Das sollte natürlich selbstverständlich sein, ist es aber nicht in jeder Familie.

Das Thema Cybermobbing ist vor allem im Schulumfeld ein Thema. So waren nach der bereits vorgestellten »Students' Well-Being«-PISA-Studie aus dem Jahr 2015 16 Prozent aller Schülerinnen und Schüler schon einmal von Cybermobbing betroffen. Das Perfide an Cybermobbing ist aber auch, dass die Auswirkungen schwer mit dem bloßen Auge zu erkennen sind. Betroffene Kinder reagieren ganz unterschiedlich. Manche sind stark eingeschüchtert und ziehen sich still und heimlich zurück, um ja keine Angriffsfläche mehr zu bieten. Sie nutzen ihr Handy heimlich oder gar nicht mehr, sie werden krank oder sind launisch und aggressiv. Die Fröhlichkeit verschwindet. Appetitlosigkeit, Schlafstörungen und Kopfschmerzen können Indikatoren sein, ebenso wie fehlendes Selbstvertrauen oder massive Minderwertigkeitsgefühle. Die Jugendlichen haben einen leeren Blick, wenn sie auf ihr Handy schauen, und verweigern sich ihrem Umfeld. Auch bei Cheyenne war es irgendwann so, dass sie zum Teil gereizt reagierte, als ich mich bei ihr über ein soziales Netzwerk meldete. Ich konnte ja nicht ahnen, dass sie vorher einige beleidigende Nachrichten bekommen hatte und deswegen so unglücklich war.

Cheyenne klärte mich meistens sehr schnell auf, dass etwas vorgefallen war. Hier machten wir uns nie etwas vor.

In der Regel reagieren die meisten betroffenen Jugendlichen aber so, weil sie durch die massive Bedrohung von anonymen Menschen auf sozialen Plattformen erst mal keine Lust mehr darauf haben. Außerdem ist alles andere Positive erst mal hinfällig. Die Wunde ist offen und brennt noch nach – auch weil jederzeit aus irgendeiner Ecke eine neue Nachricht, ein neues Foto, ein neuer langer Kommentar kommen kann und die Wunde wieder aufreißt. Gerade bei jungen Menschen, die ja häufig noch kein dickes Fell haben, kann das zu einem Problem werden, wenn sie sich zu sehr in die Nachrichten von Wildfremden vertiefen. Auch bei Cheyenne war das zwischendurch schwierig, als ich mit ihr sprechen wollte und sie sich einfach nicht auf mich konzentrieren konnte. Solche Attacken haben sie oft den ganzen Tag oder die ganze Woche komplett mitgenommen. Da halfen dann meist nur ein Anruf und ein langes Gespräch, in dem sie mir von den Nachrichten erzählte.

Wie kann ich mich wehren und vorbeugen?

Ich glaube, wenn wir darüber sprechen, wie man sich wehren kann, sind oft auch eben die Plattformen und Betreiber gefragt. Ich denke, für eine Seite wie Instagram ist es einfach richtig und wichtig, klare Regeln festzulegen.

Ich persönlich finde folgende Regel gut: Es gibt drei Verwarnungen bei Missbrauch und Beleidigungen, und wenn man sich nicht an die Regeln der Plattform hält, ist man für ein Jahr gesperrt und wird ausgeschlossen. Die Plattformen müssen hier in die Verantwortung genommen werden. Und Sozialarbeiter müssen die Kids wie auch die Eltern aufklären, und für die Heranwachsenden sollte es auch eine Art Unterrichtsfach geben, das sich mit sozialen Netzwerken beschäftigt. Inhalte wären hier meiner Meinung nach: Wie verhalte ich mich im Netz? Wie verhalte ich mich, wenn ich gemobbt werde?

Natürlich drängt sich aber auch die Frage auf, wie man sich als Elternteil dagegen wehren kann, wenn das eigene Kind vom Thema Cybermobbing betroffen ist. Ganz wichtig ist vor allem, dass alles ernst zu nehmen und sich nicht darüber lustig zu machen. Völlig egal, worum es auch gerade geht. Wenn ein Kind sagt: »Du, ich habe ein Problem«, dann muss man das unbedingt zum Thema machen. Stellen Sie sich mal vor: Da kommt ein kleiner Mensch, egal wie klein der Mensch jetzt ist, und öffnet sich einem Erwachsenen, vielleicht den Eltern. Das kostet Überwindung. Die Eltern thronen da oben, und das Kind steht vor einem Berg, und es kostet Kraft und Anstrengung zu sagen, was einem auf der Seele brennt. Deshalb muss man als Elternteil unbedingt zuhören und darf das nicht als Lappalie abtun. Denken sie nur an uns Erwachsene. Auch wir haben natürlich Angst, uns solchen Themen zu stellen. Mobbing bei Erwachsenen, vor allem am Arbeitsplatz, ist ein riesiges

Thema, und genau deshalb sollten die Großen sich in ein Kind hineinversetzen. Nimmt man die Belange des eigenen Kindes ernst, wird das Kind mit der Zeit auch mutiger und mutiger, weil es spürt, dass es Rückhalt in der Familie hat und mit seinen eigenen Sorgen nicht allein gelassen wird – ein wichtiges, ein starkes Zeichen.

Das Phänomen ist ja so neu, dass die Forschung und Pädagogik hinterherhinkt und es schwierig ist, umfassende Lösungsansätze zu finden. Julia Fluck verweist darauf, dass es keine allgemeingültige Lösung für jeden gibt. Das Problem muss vor allem individuell in Angriff genommen werden, und die Opfer von Cybermobbing müssen ihren eigenen Weg finden, diesen Attacken zu entgegnen. Aber wenn eben vorrangig junge Menschen betroffen sind, blenden viele Ältere dieses Problem aus. Auch Pädagogen und Lehrkräfte. Und das ist problematisch, weil Pädagogen eine Vorbildfunktion erfüllen und aufklären sowie helfen können sollten. Allerdings werden in den wenigsten Schulen systematisch präventive Maßnahmen durchgeführt.

Auch hier lohnt sich ein Blick in die »Cyberlife II«-Studie. Zwar gibt es einige nennenswerte Initiativen, beispielsweise das »Fairplay-Programm« (www.fairplayer.de), welches 2017 in Zusammenarbeit mit dem »Bundesministerium des Inneren« entstand. Hierbei wurden an Schulen innerhalb von etwa vier Monaten sechzehn aufeinander aufbauende Termine mithilfe verschiedener pädagogisch-psychologischer Methoden (soziale Rollenspiele, moralische Dilemmata, Gruppendiskussionen usw.) durchgeführt und parallel an einer Lehrerfortbildung gearbeitet. Allerdings sind solche Initiativen oft nur auf einen gewissen Zeitraum beschränkt und verschwinden so schnell, wie sie aufgekommen sind. Das ist extrem schade, denn hier besteht ganz offensichtlich Handlungsbedarf. Auch Workshops zu den

Risiken und Gefahren des Internets und zum Cybermobbing werden nur von 14 Prozent der in der Studie berücksichtigten Schulen angeboten.

Das muss man sich einmal auf der Zunge zergehen lassen. Wir erfassen einen enormen Anstieg in der Nutzung von sozialen Medien und von Cybermobbing. Die Zahl der polizeilich registrierten Beleidigungen, die über das Internet verbreitet wurden, stiegen von 864 im Jahr 2010 auf 1417 im Jahr 2014. Und 2017 gaben in der Studie »Jugend, Information, Media« des »Medienpädagogischen Forschungsverbunds Südwest« zwei Fünftel (37 Prozent) der Altersgruppe der Zwölf- bis Neunzehnjährigen an, dass bei ihnen im Bekanntenkreis schon einmal jemand im Internet oder per Smartphone beleidigt worden war.

Das Problem ist: Trotz dieser erschreckenden Zahlen wird in Sachen Weiterbildung in Schulen wenig bis gar nichts getan. Der Blick auf die Strukturen der Schulen zeigt dahingegen noch mehr Defizite auf: So gibt es an den wenigsten Schulen Unterstützerteams für Cybermobbingopfer oder Schülerscouts, die Mitschüler über Gefahren aufklären und im Notfall unterstützen können. Vielmehr wird das Thema nur sehr oberflächlich abgehandelt, und es wird dem Ganzen keine besondere Aufmerksamkeit gewidmet. Und dass, obwohl 99 Prozent der befragten Lehrer der Begriff Cybermobbing bekannt ist.

Fest steht: In den Lehrerkollegien herrscht ein Defizit an Fachwissen. Die Lehrkräfte sind hier einfach nicht gut ausgerüstet, und das Problem wird, obwohl es bekannt ist, nicht ernst genommen. Das lässt einen als Mutter einer Betroffenen kopfschüttelnd und fragend zurück.

Eines dürfen wir wirklich nicht vergessen, und deshalb möchte ich es an dieser Stelle noch einmal betonen: Für Jugendliche sind soziale Netzwerke und das Internet heute Alltag, und auch die Folgen, die die digitale Welt mit sich bringt, müssen – zwar nicht nur, aber eben auch – von den Lehrern mitgetragen werden. Erschreckend kommt hinzu, dass jeder zehnte Pädagoge Cybermobbing nicht für gefährlich hält, obwohl die Hälfte aller Befragten Pädagogen angibt, schon persönlich Fälle von Cybermobbing bei ihren Schülern erlebt zu haben. Unglaublich, oder?

Zusammenfassend lässt sich also sagen: Das Problem von Cybermobbing ist an den Schulen zwar bekannt, es wird aber vonseiten des Lehrerkollegiums nicht intensiv daran gearbeitet, dieses Problem zu bekämpfen. Und das darf einfach nicht sein. So sind also in der Praxis die Eltern gefragt, dem ganzen einen Riegel vorzuschieben. Allerdings fällt es natürlich auch den direkten Erziehungsberechtigten immer schwerer zu kontrollieren, was ihre Kinder im Netz anstellen. Zum einen liegt das daran, dass die Jugendlichen weniger über teilweise öffentliche soziale Netzwerke wie Facebook kommunizieren, sondern auf geschlossene Messaging-Dienste wie WhatsApp, Telegram oder der Instagram-Nachrichtenfunktion zurückgreifen.

Etwa 90 Prozent der in der Studie befragten Schüler gaben an, eben diese Messenger-Dienste zu nutzen. Dort können Eltern eher schlecht überprüfen, was hier im Detail besprochen und herumgeschickt wird, das ist ja auch oft sehr privat. Dazu kommt der Wechsel auf mobile Endgeräte. Die Jugendlichen – Cheyenne auch – gehen fast nur noch über ihre Smartphones ins Internet. Es gibt also keinen »festen« (Familien-)Computer mehr, an dem die Kinder und Jugendlichen kontrolliert ins Internet gehen können, bei dem das Internet beispielsweise ab 23 Uhr ausgeschaltet und überprüft wird, auf welchen Seiten sich die Jugendlichen aufhalten, sondern sie gehen von überall aus und zu jeder Tages- und Nachtzeit ins Netz. 76 Prozent der befragten Schüler gaben in der »Cyberlife II«-Studie an, vollkommen ohne Kontrolle der Eltern im Netz aktiv zu sein. Die meisten Eltern wissen also nicht einmal im Ansatz, was ihre Kinder da treiben. Spielen sie dort einfach nur Spiele? Recherchieren sie sogar etwas für die Schule? Oder chatten sie mit ihren Schulfreunden? Die Kinder haben so natürlich auch das Gefühl, hinsichtlich der sozialen Netzwerke keine wirkliche Verbindung zu ihren Eltern zu haben. Die Eltern sind außen vor und ganz klar Außenseiter.

Nun ist es ja nicht so, dass eine Mutter die Instagram-Nachrichten ihres Sohnes checken sollte – aber ich glaube, es hilft schon einmal sehr, wenn Eltern überhaupt verstehen, was für eine Plattform Instagram zum Beispiel ist, wie diese funktioniert oder was es noch für andere Messaging-Dienste gibt. Ich glaube, das schafft eben auch Vertrauen zwischen Eltern und Kindern.

Jugendliche wissen dann, wenn sie zum Beispiel per Instagram beleidigt werden, dass sie ihren Eltern nicht erst erklären müssen, was Instagram ist, wie es funktioniert und was es mit dieser Nachricht im Detail auf sich hat. Hier ist die Medienkompetenz der Eltern gefragt: Wenn man sein Kind ernst nimmt, muss man – zumindest in Ansätzen – verstehen, was die einzelnen Kommunikationsmedien sind, mit denen das eigene Kind kommuniziert. Sie würden ihr Kind ja auch nicht mit einem neuen Spielgerät spielen lassen, was sie nicht kennen und was eventuell eine zerstörerische Sprengkraft entfalten kann oder Gifte ausströmt.

Stellen Sie sich vor, Sie sind jung und total fit im Umgang mit sozialen Netzwerken. Und dann kommt etwas, was Sie bedrückt. Sie werden beleidigt, es werden anstößige Fotos geschickt – so etwas eben. Es ist dann eine viel höhere Hemm-schwelle, zu den nicht internetaffinen Eltern zu gehen und ih-nen erst einmal »das große Ganze« erklären zu müssen, bevor es ins Detail geht. Und das ist die eigentliche Tragik, denn die Be-lastungen durch Cybermobbing sind wirklich schlimm – und der Kommunikationsbarriere kann man als Eltern entgegenwir-ken, wenn man sich einfach mit den Medien, die die eigenen Kinder nutzen, beschäftigt und sich über ihre Vor- und Nach-teile informiert. Also liebe Eltern: Ran an die Smartphones!

Es gibt einige hilfreiche Punkte zur Vorbeugung, aber auch für den akuten Fall. Wenn Cybermobbing, wie weiter oben bereits beschrieben, ein Virus ist, dann ist es meist unaufhaltsam, dass man sich irgendwann ansteckt. Gibt es ein Gegenüber, das, aus welchen Gründen auch immer, es auf jemanden abgesehen hat, dann ist es ebenso. Hier muss man eine Lösung finden, wie man sich am besten verhält. Wichtig ist, auf gar keinen Fall den Feh-ler zu machen zu glauben, dass man »auserkoren« ist oder die Attacke etwas mit der eigenen Persönlichkeit oder dem eigenen Internetauftritt zu tun hat.

Die Webseite »Saferinternet.at« – und noch viele andere mehr (siehe Anhang) – hat für Kinder und Jugendliche Tipps und Tricks aufbereitet, wendet sich aber auch an Eltern. Einer der zentralsten Punkte, den Eltern Betroffenen mitgeben soll-ten, lautet: Höre auf deine innere Stimme! Geben Sie Ihrem Kind unbedingt das Gefühl, dass es sich bei Ihnen öffnen kann und eine Vertrauensperson immer ansprechbar ist. Cybermob-bing beginnt nicht erst mit einer Beleidigung. Wie bereits be-schrieben, kann hier schon viel früher angesetzt werden. Sobald sich eine Betroffene oder ein Betroffener unwohl fühlt, ist das ein Grund, dieses Gefühl auch nach außen zu kommunizieren! Jeder entscheidet selbst, wo seine Grenzen liegen.

Ein nächster sehr pragmatischer Punkt, wenn es zum Cybermobbing kommt, ist es, Beweise zu sichern, damit die Geschichte glaubhaft ist. So kann einem schneller geholfen werden. Cheyenne ist ja mittlerweile Profi darin, Screenshots von unangenehmen Nachrichten, Bildern oder Chats aufzunehmen – kein Wunder, schließlich bekommt sie die ja täglich. So bitter es klingt, aber hier sind Jugendliche und Eltern gleichermaßen gefordert, einmal kurz aus dem eigenen Schamgefühl herauszutreten und die Beleidigungen fotografisch festzuhalten. Betrachten Sie, wenn Sie Elternteil sind, das Ganze als eine strafbare Handlung. Und eine Nachricht, die beleidigend ist, kann schnell zu einer Straftat werden. Klingt es für Sie seltsam und sogar befremdlich, einfach so eine Facebook-Nachricht auszudrucken? Ist doch nur eine digitale Nachricht? War doch vielleicht nur ein Versehen des Gegenübers?

Verschwenden Sie keinen Gedanken daran, einen Täter zu schützen, sondern handeln Sie. Und übertragen Sie das Beispiel von Cybermobbing auf die nicht digitale Welt: Vor Ihnen steht eine fremde Person und fängt an, Sie ohne Grund wüst zu beschimpfen. Die Person stoppt nicht, kommt Ihnen näher. Sie fühlen sich geängstigt und gedemütigt. Würden Sie hier nicht auch sagen, es wäre eine gute Idee, die Beleidigungen das Gegenübers einfach mal aufzuzeichnen, wenn Sie die technische Möglichkeit dazu hätten, oder Außenstehende zu informieren, dass Sie hier gerade verbal attackiert werden?

Ein weiterer, sehr pragmatischer Tipp ist es, denjenigen Nutzer, der Sie oder Ihr Kind belästigt, zu sperren. Mittlerweile kann man in den meisten sozialen Netzwerken und Onlinediensten unerwünschte Personen relativ leicht blockieren. Das Angebot sollte unbedingt benutzt werden, denn warum sollte man sich mit jemandem abgeben, der einen belästigt? Hier heißt es, keine falsche Scham zu haben, denn es bringt ja nichts, sich mit jemandem, der grundlos auf Ärger aus ist, zu unterhalten, selbst wenn Sie die Person kennen sollten.

Es ist wichtig, sich über seine Rechte zu informieren. Wenn man es nicht erlaubt hat, darf niemand Fotos von einem ins Internet stellen, die einen bloßstellen. Schließlich hat man das Recht am eigenen Bild, und das Internet ist kein rechtsfreier Raum, auch wenn dies manchmal in Vergessenheit zu geraten scheint. Wenn Ihr Kind von Cybermobbing betroffen ist, ist es übrigens nicht unbedingt ratsam, dem Kind Internet- und Handyverbot aufzuerlegen. Es geht vor allem darum, eine Vertrauensbasis zu erschaffen, statt Verbote auszusprechen. Vertrauen ermöglicht, dass Ihr Kind sich erneut bei Problemen an Sie wendet und gezielt um Hilfe bittet.

Außerdem: Öffnen Sie sich! Belästigungen und Beleidigungen, die Sie in Ihrem Seelenheil beeinträchtigen, sollten Sie nicht in sich hineinfressen. Holen Sie sich Rat und Unterstützung, wenn Sie nicht weiterwissen. Am besten im Familien- und Freundeskreis oder, wenn es da niemanden gibt, bei einer offiziellen Beratungsstelle. Das »Bundesministerium für Familie, Senioren, Frauen und Jugend« informiert über solche Anlaufpunkte. Die Nummer gegen Kummer (www.nummergegenkummer.de) bietet ein telefonisches Beratungsangebot für Kinder, Jugendliche und Eltern. Daneben gibt es eine Onlineberatung für Kinder, Jugendliche und Eltern von der Bundeskonferenz zur Erziehungsberatung (www.bke.de). Interessant und sehr hilfreich ist eine Beratung für Jugendliche, die durch andere Jugendliche erfolgt (www.juuuport.de). Hier sind die Betroffenen direkt in Kontakt mit Gleichaltrigen, die bereits Mobbingerfahrung gemacht haben, und können anderen Betroffenen ganz unvermittelt das Gefühl geben: Ihr seid nicht allein! Und um dieses Gefühl geht es ja oft in der Akutsituation. Weitere Hilfe und Beratungsstellen gibt es auf »SCHAU HIN« (www.schau-hin.info), einer Initiative, die Hilfe im Umgang mit Medien leistet. Fragen können direkt an einen Mediencoach gestellt werden. Des Weiteren informiert auch das »Bündnis gegen Cybermobbing« (www.buendnis-gegen-cybermobbing.de) und bietet eine umfassende Beratung an. Ebenso wie die Webseite »saferinternet.at«, die auch Fachliteratur und Broschüren zusammengestellt hat.

Sie merken also: Es gibt im Netz gar nicht wenig Hilfeleistungen, wenn es um dieses sensible Thema geht – allein die Wichtigkeit und Ernsthaftigkeit dieses Themas muss wieder in den Vordergrund gerückt werden.

Und wie klappt das mit dem Vorbeugen? Eine gute Gesprächsgrundlage und ein wohlwollendes Verhältnis zu Vertrauenspersonen ist existenziell wichtig. In allen Bereichen. Wir Menschen sind soziale Wesen, und der Austausch über unsere Gefühle ist wesentlich, um gesund zu bleiben. Wir sollten offen kommunizieren, wenn wir uns bedrängt fühlen – immer und überall. Findet das Mobbing lokal statt, also an einer Schule oder dem Arbeitsplatz, ist das Setting klar und der Ort wird mit den Mobbingerfahrungen assoziiert. Cybermobbing geschieht dahingegen oft anonym und unsichtbar. Wie sich also gegen einen Feind oder mehrere Feinde schützen, die nicht erkennbar sind? Im Fall von Cybermobbing hilft kein Schul- und kein Arbeitswechsel, die digitale Identität auf sozialen Netzwerken hat ja keinen festen Wohnsitz und ist nirgendwo fest verortet. Im Internet sind wir überall auf der Welt gleichzeitig und fast von jeder Person jederzeit erreichbar. Das hat theoretisch ja auch viele Vorteile.

Denken Sie einmal daran, wie einfach Sie heute online Essen bestellen, ein Hotel buchen oder einkaufen gehen können. Mit Freunden aus anderen Ländern können wir problemlos chatten oder videotelefonieren, und wir können uns auch an völlig fremde Personen via Facebook oder Instagram wenden, wenn wir ein Anliegen haben. Gerade bei Jugendlichen setzt sich der Trend zu sozialen Netzwerken durch. Diese Portale üben eine Faszination aus, kommen den Interessen von Jugendlichen entgegen und können bei der Bewältigung von Entwicklungsaufgaben helfen.

Jugendliche brennen darauf, sich selbst darstellen zu können, und in den sozialen Netzwerken können sie dies tun. In der Grundidee sind soziale Netzwerke für Jugendliche auch erst mal »erwachsenenfreie« Räume, in denen sie sich ohne elterliche Bewertung ausprobieren können. Und es ist natürlich auch reizvoll, sich mit Gleichaltrigen über Interessen auszutauschen – eben über einen Chat. Theoretisch sind soziale Netzwerke also auch für Jugendliche erst mal nichts Schlimmes, und wir glauben auch, dass es der falsche Ansatz ist, die Nutzung sozialer Netzwerke zu verteufeln, ohne dass man sich als Elternteil damit auseinandergesetzt hat, was auf dieser Plattform eigentlich passiert. Aber natürlich kann es dort auch zu Anfeindungen kommen, die im schlimmsten Fall bis hin zu Cybermobbing reichen. Was ist also in Sachen Vorbeugung machbar und was nicht?

Erst einmal eine Nachricht, die schmerzt, aber leider Realität ist: Es gibt keinen vollständigen Schutz gegen Cybermobbing – auch nicht im Vorfeld. Punkt. Wenn sich eine Einzelperson dazu entscheidet, jemanden wirklich bösartig zu mobben, ist dies durch die sozialen Netzwerke technisch möglich. Das müssen wir uns vor Augen halten. Aber es gibt eine Reihe von

Vorsichtsmaßnahmen, die dabei helfen, Cybermobbing best-möglich vorzubeugen. Wichtig ist, Medienkompetenz schon bei Kindern zu fördern, Selbstvertrauen und Selbstwirksamkeit zu stärken sowie soziale und kommunikative Kompetenzen zu vermitteln. Dies sind die drei Säulen der Präventionsarbeit.

Medienkompetenz sollte in der Schule und im Elternhaus stär-ker gefördert werden. Kinder und Jugendliche können Risiken nicht in vollem Umfang einschätzen, und so ist eine gewisse Kontrolle unerlässlich. Regeln Sie beispielsweise die Nutzungs-zeiten, und haben Sie ein Auge darauf, welche Plattformen Ihr Kind nutzt! Wichtig ist grundsätzlich, das Thema ernst zu nehmen. Denn um Cybermobbing bestmöglich zu verhindern, sollte man sich mit dem Phänomen beschäftigen, sich über mögliche Warnzeichen und Möglichkeiten zur Vorbeugung in-formieren und diese an die eigenen Kinder und Jugendlichen weitergeben. Das Monster beim Namen nennen und es unter dem Bett hervorholen! Hier kann ein regelmäßiger Austausch über Medienerfahrungen in Familie und Schule oder Gespräche mit anderen Eltern sehr sinnvoll sein.

Ein gesundes Selbstbewusstsein ist eine wesentliche Vorausset-zung für ein gelingendes Leben – kombiniert mit einer gesun-den Portion Misstrauen. Es klingt vielleicht seltsam, aber schon früh sollten Kinder und Jugendliche dazu ermutigt werden, sich eine eigene Meinung zu bilden, sie zu vertreten und ruhig auch zu lernen, Nein zu sagen. Nein sagen ist eine sehr wichtige Ei-genschaft und sollte Kindern und Jugendlichen auch »antrai-niert« werden. Das heißt jetzt nicht, dass Kinder und Jugendli-che zu klassischen Neinsagern erzogen werden sollten, die nicht bereit für neue Dinge sind. Aber es ist wichtig, sein Kind dazu zu ermutigen, sein Bauchgefühl ernst zu nehmen.

Toleranz, Solidarität, Einfühlungsvermögen und Respekt sind auch im Internet entscheidende Faktoren für ein positives Miteinander. Das müssen auch Kinder früh lernen. Es gelten dieselben Regeln wie im Alltag: Am anderen Ende des Laptops oder des Smartphones sitzt immer ein Mensch mit Gefühlen. Und diese Person sollte so behandelt werden, wie man selbst behandelt werden möchte: mit Respekt. Es ist vielleicht verlockend für Jugendliche zu glauben, dass das Internet ein Raum ist, in dem es keine Erwachsenen gibt. Der Gedanke klingt auch zunächst nachvollziehbar: In der Schule passen die Lehrer auf. Im Sportverein sind Erwachsene da, zu Hause sind die Eltern. Da sind soziale Netzwerke ein kleiner Zufluchtsort und im Instagram-Chat sind eben keine Eltern mit dabei. Das kann eine verheißungsvolle Verlockung sein. Aber gerade in diesen privaten Chats sollten natürlich ebenfalls Respekt, Toleranz und Einfühlungsvermögen gelten. Das klingt erst mal banal und selbstverständlich. Aber nein, so selbstverständlich ist das eben leider nicht. Die Empathie muss auch im Netz weitergetragen werden. Denn man merkt ja nicht direkt, dass auf der anderen Seite ein Mensch sitzt. Da ist nur ein Avatar zu sehen. Maximal ein Foto von jemandem, den man kennt – oder eben auch nicht. Aber wer genau dahintersteckt, nämlich ein Mensch aus Fleisch und Blut mit einer Vergangenheit, einer Zukunft und Gefühlen, mit Träumen und Visionen, das sieht man nicht. Das Chatfenster ist in jeder Konversation immer gleich grau. Ganz gleich, mit wem ein Gespräch gestartet wird.

Die Kommunikation hat sich in den letzten Jahren so wahnsinnig schnell geändert, dass wir uns diesen neuen Herausforderungen stellen müssen. Und dazu gehört auch zu verstehen, dass auf der anderen Seite des Bildschirms jemand sitzt, der einem vielleicht gar nicht so unähnlich ist. Messenger-Apps machen das Leben schneller und einfacher, und es ist leicht, schnell Informationen auszutauschen, aber sie verkürzen eben auch ein echtes Gespräch. Gefühle können nur über Emojis weitergegeben werden, oder man muss zwischen den Zeilen lesen können. Gestik und Mimik fallen ja aus. Trotzdem imitieren diese »Gespräche« das wahre Leben. Kinder und Jugendliche sollten daher auch darin bestärkt werden, sich einzumischen oder Erwachsenen Bescheid zu geben, wenn andere im Internet beleidigt werden. Es sollte von Anfang an klargemacht werden, dass das Internet keine coole Parallelwelt ist, in der Heranwachsende nach Schulschluss fliehen und sich in geschlossenen Messenger-Gruppen über ihre Lehrer oder Mitschüler auslassen können. Es müssen dieselben Regeln wie im echten Leben gelten, und jeder sollte sich überlegen, ob man dieselben Sachen wirklich auch so von sich geben würde, wenn man der Person gegenüberstehen würde. Das muss der Kern des Ganzen sein: die Erkenntnis, dass soziale Netzwerke eben nichts sind, was neben der echten Welt existiert und davon losgelöst ist, sondern einen Teil unserer Lebenswirklichkeit darstellen. Deshalb müssen auch Kommentare oder Postings, die von Kindern und Jugendlichen geteilt werden, kritisch hinterfragt werden. Ist es wirklich in Ordnung, wenn Kinder auf sozialen Netzwerken Inhalte mit anderen teilen, die problematisch sind? In denen vielleicht Gewalt propagiert wird oder ein Humor, der menschenverachtend ist? Oft kann man hier schon viel erreichen und einen Heranwachsenden dazu bringen, sich und seine Handlungen bereits im frühen Alter zu hinterfragen. Das ist der erste Riesenschritt, denn diese Denke bleibt im Kopf bestehen.

Hinsichtlich der Präventionsarbeit lohnt es sich auch, klare Regeln für die Handy- und Internetnutzung zu vereinbaren. Das klingt jetzt vielleicht etwas spießig, aber da Smartphones in den letzten Jahren immer erschwinglicher geworden sind, haben die meisten Kinder und Jugendlichen ab Ende der Grundschulzeit ein solches Gerät zur Verfügung. Hatten 2011 nur 25 Prozent der Dreizehn- bis Neunzehnjährigen ein Smartphone, waren es 2016 schon 97 Prozent. Hier muss also ein Umdenken erfolgen. Denn ein Smartphone ist natürlich eine praktische Sache, aber es braucht eben auch ein ausgereiftes Maß an Medienkompetenz und Medienerfahrung, um dieses zu nutzen.

Hier entsteht natürlich ein Konflikt. Denn Kinder und Jugendliche wollen vermehrt ein Smartphone, sind sich aber der Gefahren, die theoretisch davon ausgehen können, nicht bewusst. Der Kompromiss lautet daher, neben einer offenen Kommunikation im Elternhaus gemeinsam verabredete Regeln für die Mediennutzung zu treffen. Diese haben eine große Bedeutung. Kinder und Jugendliche können so erlernen, was erlaubt ist und worauf sie bei der Internet- und Handynutzung achten sollten. Sprechen Sie die Problematik an. Seien Sie ganz offen und sagen: »Ja, ich weiß, du willst ein Handy, und das ist auch in Ordnung. Aber es gibt Schattenseiten. Also lass uns versuchen, diesen Weg gemeinsam zu gehen und eine Lösung zu finden.« Ihr Kind wird einsehen, dass Ihnen diese Einschränkungen wichtig sind. Verhängen Sie aber auch nicht einfach sinnlose Verbote. Das führt eher dazu, dass Kinder versuchen werden, der Faszination des Verbotenen zu folgen, und heimlich im Netz unterwegs sind. Und dann eben genau die Webseiten und Chaträume aufsuchen, vor denen Sie sie warnen wollten.

Eine tolle Möglichkeit, Ihrem Kind auf Augenhöhe zu begegnen, ist der Mediennutzungsvertrag, ein gemeinsames Angebot der EU-Initiative »Klicksafe« und des Vereins »Internet-ABC«. Diesen gibt es auf der Seite »www.mediennutzungsvertrag.de«, und er kann auch hier ausgefüllt werden. Beim Mediennutzungsvertrag stehen die Nutzungszeiten und die Art der erlaubten Inhalte im Vordergrund. Im Vertrag können auch Regeln zum Umgang mit persönlichen Daten oder zu Downloads eingetragen werden. Schritt für Schritt können Sie immer mehr Freiheiten an Ihr Kind abgeben und es so auf dem Weg zu einer eigenverantwortlichen Mediennutzung begleiten – alles gebunden an einen Vertrag, der auch für Ihr Kind einsehbar und nachvollziehbar ist. Ich finde das eine sehr gute Initiative, da dieser Vertrag eben auch zeigt, dass es kein »Problem« zwischen einem Erwachsenem und einem Kind ist, sondern eben die sozialen Netzwerke zwischen den Generationen stehen. Das Kind will diese nutzen, die Erwachsenen sind misstrauisch, also muss man dieses Grundproblem lösen – eben im besten Fall mit einem Vertrag, der für beide Parteien nachvollziehbar ist.

Der Mediennutzungsvertrag kann also, vor allem im jungen Alter, eine gute Grundlage bilden. Geben Sie den Heranwachsenden ebenfalls mit, dass private Dinge auch im Internet privat bleiben sollten. Das ist im Fall von Cheyenne und mir natürlich etwas schwierig. Da wir beide öfter in TV-Shows zu sehen sind und unser Leben zum Teil in der Öffentlichkeit stattfindet, bleibt es eben manchmal nicht außen vor, dass wir unseren Fans und Followern auch ein wenig etwas von unserem Privatleben zeigen. Allerdings in einem Rahmen, der für uns berechenbar ist. Ich mache jetzt keine Instagram-Story, in der ich zu private Dinge erzähle, aber berichte natürlich schon ab und zu, wie ein paar Drehs abliefen und was am Set passiert ist. Das ist für Fans ja auch spannend, und ich will sie gern virtuell dabeihaben. Ich weiß hier sehr genau, was ich tue und was nicht, und Cheyenne auch, da wir uns in der Vergangenheit bereits darüber ausgetauscht haben. Generell gilt aber die Regel: Je mehr man von sich veröffentlicht, desto angreifbarer macht man sich natürlich. Postet ein Jugendlicher viel darüber, wie er sich fühlt, was er denkt, bietet das natürlich Angriffspunkte für potenzielle Mobber, auf denen herumgeritten werden kann. Auch mit persönlichen Daten und Ähnlichem sollte man vorsichtig sein. Gerade bei der Veröffentlichung von Namen, Adressen und Telefonnummern ist Vorsicht geboten. Beispiele aus der Vergangenheit zeigen, was alles schieflaufen kann, wenn man nicht richtig aufpasst:

So lud im Juni 2011 die damals sechzehnjährige Tessa aus Hamburg zu ihrem Geburtstag ein. Der Einfachheit halber nutze sie dafür Facebook. Allerdings stellte sie die Einstellungen ihrer Geburtstagsplanungsgruppe nicht richtig auf privat, sodass ihr Wohnort und die Uhrzeit ihrer Party öffentlich einsehbar waren. Die Schülerin sagte die Facebook-Veranstaltung zwar noch ab, doch es war bereits zu spät. Wie ein Lauffeuer verbreitete sich auf Facebook die Adresse des Mädchens. Mehrere Tausend Partygäste kündigten im Netz ihr Kommen an und organisierten sich. Die Familie des Geburtstagskindes engagierte schließlich einen privaten Sicherheitsdienst. 100 Polizisten mussten anrücken und Absperrgitter aufstellen, denn zu der Adresse von Tessa kamen tatsächlich über 1600 wildfremde Menschen. Ein einfacher Klickfehler hatte dafür gesorgt, dass die Familie sicherlich einen Tag erlitt, den sie bis heute nicht vergessen wird. Gerade mit solchen persönlichen Daten sollten Jugendliche nicht ins Internet gehen.

Neben all diesen präventiven Maßnahmen ist es aber dennoch wichtig, Cybermobbing anzusprechen. Jugendliche und Kinder sollten vor allem für die negativen und langfristigen Konsequenzen für die Opfer sensibilisiert werden. Und obwohl sich Cybermobbing vielleicht nie ganz auflösen wird, hat die Studie »Geschickt geklickt?!« von der »Landesanstalt für Medien

NRW« und der Universität Duisburg-Essen aus dem Jahr 2018 ergeben, dass regulierende Kompetenzen Cybermobbing vorbeugen können. Wer seinen Internetkonsum kontrollieren und einschränken kann, ist der Statistik nach weniger von Cybermobbing betroffen. Das macht Hoffnung für die Zukunft!

Um es noch einmal gesagt zu haben: Das Problem von Cybermobbing ist allgegenwärtig, denn das Internet vergisst eben auch nichts. Auch viele Jahre später können verletzende Einträge in Foren oder sozialen Netzwerken im Netz von jedem Internetnutzer gelesen werden. Dessen sind sich viele Jugendliche gar nicht bewusst. Cheyenne postet relativ viele Instagram-Storys, und auch wenn sie glaubt, dass diese nach 24 Stunden »weg« sind – gelöscht sind sie auf gar keinen Fall. Zunächst werden sie im Archiv gespeichert und sind dann in irgendeiner Cloud. Viele Jugendliche sind technisch nicht so bewandert und wissen nicht, wie die Technik an ihren Handys funktioniert und wie und wo Daten gespeichert waren. Auch hier sollte einmal – entweder vonseiten der Lehrer oder der Eltern – Aufklärung betrieben werden. Wie wäre es denn mit einem nachmittäglichen Crash-Kurs zum Thema Datensicherheit? Das klingt nicht unbedingt spannend, kann aber durchaus helfen, wenn man Jugendlichen etwas Lehrreiches mitgeben will. Auch für Kinder im Grundschulalter ist es möglich, einen »Internet-Führerschein« zu machen, beispielsweise auf »Internet-ABC.de« oder auf dem Präventionsportal der Polizei (www.polizei-deinpartner.de). Dort wird beispielsweise angegeben, welche Daten man auf keinen Fall ins Internet stellen sollte. Vielleicht denken Sie jetzt, dass das nicht nötig ist, und vielleicht ist es das ja auch nicht unbedingt, aber woher sollen kleine Kinder und Heranwachsende denn wissen, welche Daten sie preisgeben dürfen und welche nicht, wenn es ihnen keiner beibringt? Wir leben ja schließlich in Zeiten, in denen es an jeder Ecke ein offenes ungesichertes WLAN gibt, in das sich jeder sofort einloggen kann, ohne zu wissen, das dies in der Regel relativ unsicher ist.

Es ist wichtig, dass Eltern bereits früh ein Gefühl für die Stimmungen ihres Kindes entwickeln. Sollten Sie erkannt haben, dass Ihr Kind tatsächlich von Cybermobbing betroffen ist, raten Experten dazu, dass Eltern ihre Unterstützung anbieten. Auch wenn herauskommt, dass ein Kind selbst zum Täter geworden ist.

Es ist in beiden Fällen wichtig, in einem Gespräch nach möglichen Lösungen zu suchen. Die Maßnahmen sollten aber in jedem Fall mit dem Kind besprochen werden. Alles andere bringt nichts. Versetzen Sie sich nur einmal in die Situation: Ein Kind wird gemobbt, und ein Elternteil ergreift Maßnahmen, löscht beispielsweise den Account des Kindes aus einem sozialen Netzwerk. Das ist langfristig nicht zielführend, weil das Kind dann nicht mehr an dem sozialen Netzwerk partizipieren kann, was ihm ja offensichtlich wichtig ist. So kann das Kind von dem einen Tag auf den nächsten in eine Opferrolle gedrängt werden. Und es ist auch ein Eingeständnis, dass man sich dem Täter unterworfen hat. Und vielleicht hatte das Kind ja bereits eine andere Lösungsmöglichkeit im Kopf? Hier ist also Teamwork gefragt. Fühlt sich das Kind bei den Lösungsvorschlägen schließlich hintergangen, kann das Vertrauen zwischen Eltern und Kind beschädigt werden.

Im Ernstfall sollten Sie also, wie bereits beschrieben, Screenshots und alle verfügbaren personenbezogenen Informationen und solche, die den Vorfall beschreiben, also Namen oder Accountnamen der verantwortlichen Nutzer, speichern. Außerdem sollten Links zum Täterprofil und den Fundstellen gesammelt werden. Cheyenne hat damals einen ganzen Ordner mit Screenshots erstellt, den sie bei der Polizei Berlin online hochgeladen hat. Auch wenn es sich vielleicht für Betroffene unangenehm anfühlt, das Erlebte noch einmal zu sehen, um es zu protokollieren, ist es unglaublich wichtig. Zum einen natürlich, weil es rechtlich relevant sein kann, zum anderen, weil es dafür sorgt, das Betroffene sich noch einmal mit dem Thema befassen und eine Verarbeitung ermöglicht wird.

Es geht darum, dem Problem einen Namen zu geben. Das Monster unter dem Bett hervorzuholen und klar zu benennen. Und hier kann es eben auch hilfreich sein, Beleidigungen oder Hass-Nachrichten, die man bekommt, in einen Highlight-Instagram-Ordner zu packen, um so auf sich und auf die Bedrohung aufmerksam zu machen.

Sich so mit dem Thema zu befassen und es noch mal ganz objektiv zu betrachten, kann auch dabei helfen, Abstand zu gewinnen. Und mit diesem Abstand ist es für Betroffene eben auch leichter, den eigenen Social-Media-Account zu analysieren – eine Beleidigung oder eine aufdringliche Nachricht wahrzunehmen und festzustellen, dass dies überhaupt nichts mit einem selbst zu tun hat und von einer völlig fremden Person kommt, die sich gerade strafbar gemacht hat. Umso wichtiger ist es auch, diese Bedrohung ernst zu nehmen und nicht einfach nur zu ignorieren. Denn auch dem Täter muss klargemacht werden, dass er oder sie ein Unrecht begangen hat und Beleidigungen und Drohungen keine Lappalien sind.

In manchen Fällen, vor allem, wenn es sich um Cybermobbingdelikte im Schulumfeld handelt, kann es auch schon reichen, mit dem Vorfall zu Lehrern und/oder Schulsozialarbeitern zu gehen und zu versuchen, das Problem zu lösen. Hier noch ein gut gemeinter Tipp: Bestehen Sie unbedingt darauf, dass auch die Lehrer sich um eine Lösung und Aufarbeitung des Cybermobbingfalls kümmern, denn es ist letztlich auch ihre Aufgabe. Lehrer sind hierbei manchmal überfordert. Die Befragung Jugendmedienschutzindex: Der Umgang mit »onlinebezogenen Risiken«

kommt zu dem Ergebnis, das sich jeder zweite Lehrer darin überfordert sieht, Schüler in Sachen Onlinemedien zu schützen.

Die Untersuchung zeigt auch, wie stark das Gefahrenbewusstsein der Lehrer eigentlich ist. Denn neun von zehn Lehrern haben Cybermobbing bei ihren Schülern bereits beobachtet, und mehr als 80 Prozent der Pädagogen sind davon überzeugt, dass Kinder und Jugendliche zu viele Daten im Internet von sich preisgeben. Trotzdem sehen die Lehrer die Hauptverantwortung für den Jugendmedienschutz nicht bei sich, sondern bei den Eltern, Anbietern von Onlineinhalten und Plattformen. Es ist nicht ganz klar: Wer ist jetzt hier verantwortlich? Ich persönlich finde allerdings: Wenn das Problem von Lehrerseite so deutlich erkennbar ist, fällt auch dies, zumindest zum Teil, in deren Verantwortungsbereich, vor allem, wenn es im schulischen Umfeld stattfindet.

Gehen Sie präventiv gegen Cybermobbing vor. Treffen Sie gewisse Vorsichtsmaßnahmen, und führen Sie eine offene Kommunikation. Schaffen Sie Vertrauen und geben Sie Ihrem Kind immer ein gutes Gefühl mit. Im konkreten Fall von Cybermobbing, vor allem bei ausgeprägten dauerhaften Attacken, die Ihr Kind nachhaltig treffen, sollten Sie Anzeige erstatten. Dazu rät auch das »Bundesministerium für Familie Senioren, Frauen und Jugend«.

In Fällen von massiven Beleidigungen und Drohungen sowie groben Persönlichkeitsrechtsverletzungen ist eine Strafanzeige gegen den oder die Täter möglich. Dabei ist es wichtig, dass Sie die Vorfälle so gut wie möglich dokumentieren und an die Polizei weitergeben. Das ist auch deswegen ungemein wichtig, weil sich die Intensität von Cybermobbing nach der »Cyberlife II«-Studie von 2018 verstärkt hat. Wenn früher Jugendliche aus Spaß und aus Langeweile andere gemobbt haben, wird es heute gezielt als Waffe eingesetzt. Es herrscht kein wirkliches Unrechtsbewusstsein. Die kriminellen Handlungen beim Cybermobbing werden in der Regel nicht bestraft, und heranwachsende Jugendliche merken, dass sie damit, andere zu drangsalieren und fertigzumachen, erfolgreich sind und nicht sanktioniert werden. Und diese Sicherheit der Täter darf sich einfach nicht durchsetzen. Allein deshalb ist es wichtig, jede massive Bedrohung sofort zur Anzeige zu bringen.

ZUSAMMENFASSUNG: CYBERMOBBING

- Cybermobbing wird definiert als Beleidigung, Bedrohung, Bloßstellung oder Belästigung von Personen mithilfe von Kommunikationsmedien, beispielsweise über Smartphones, E-Mails, Websites, Foren und Chats.

- Die Täter können relativ anonym handeln.

- Cybermobbing kann immer wieder auftreten.

- Studien zeigen, das Betroffene vermehrt unter Depressionen und psychischen Erkrankungen leiden.

- Bei Cybermobbing sollte schnell gehandelt werden: Ansprechpartner müssen gesucht und Beweise gesichert werden.

- Im schlimmsten Fall sollte Anzeige erstattet werden!

- Webseiten wie www.saferinternet.at und cybermobbing-hilfe.de bieten Tipps und Beratungsstellen.

DIE ANFEINDUNGEN, DIE NICHT ENDETEN

Natascha Ochsenknecht

Zwar sind Internetbeleidigungen wirklich unschön, nervig und gehören auch nicht unterschätzt, aber sie sind eben auch manchmal nur dumme Nachrichten von dummen Menschen, und vor allem: Sie schauen dir nicht direkt ins Gesicht. Viel erstaunlicher ist es hingegen, wie dreist einige Menschen in der »echten Welt« reagieren. Silvester 2019 gab es eine solche Situation, bei der Cheyenne und ich uns beide dachten: Das kann doch alles nicht wahr sein!

Als Familie waren wir im KaDeWe in Berlin unterwegs und hatten uns zum Essen verabredet. Es war ein wirklich schöner, rundum friedlicher Abend, und wir freuten uns auf ein gelungenes Neujahresfest. Ich, die Mama, bezahlte, und wir machten uns auf den Weg zur Rolltreppe. Dort stand allerdings eine Frau ungefähr in meinem Alter, die ihr Haar zu einem Zopf gebunden hatte und einen schwarzen Rollkragenpullover trug.

Neben ihr ihr Mann, dahinter zwei Kinder, die ungefähr im Alter von Cheyenne waren. Im Vorbeigehen nickte die Frau in Richtung Cheyenne und drehte sich zu ihrer Familie um.

Dann sagte sie deutlich hörbar zu ihren Kindern (!): »Guckt mal, wie hässlich die da ist! Die hat voll die hässlichen Lippen.«

Cheyenne war völlig geschockt und hielt sich die Hand vor den Mund. Sie wusste gar nicht, was sie sagen sollte, und war kurz wie versteinert.

Ich dachte mir nur: Was war das denn jetzt?

Der Einzige, der schnell reagierte und sofort schaltete, war Cheyennes Freund. Er drehte sich abrupt zu der Frau um und sagte ihr in strengem, aber ruhigem Tonfall: »Entschuldigen Sie bitte, was war das? Geht's Ihnen noch gut? So vor uns über meine Freundin zu reden?«

Da war auch Cheyenne wieder da und sagte zur Frau: »Was glauben Sie eigentlich? Meinen Sie, ich habe das nicht gehört, oder was?«

Die Frau grinste nur verächtlich. Es war ihr nicht mal peinlich, dass sie jetzt angesprochen wurde. Als wäre nichts dabei, stand sie einfach nur so da.

Da platzte auch mir der Kragen. »Wissen Sie was? Sie sollten sich wirklich schämen! Sie stehen hier mit Ihren Kindern und grinsen jetzt auch noch so blöd vor sich hin. Was sind Sie für ein schlechtes Vorbild? So was habe ich ja überhaupt noch nicht erlebt. Was erlauben Sie sich eigentlich, über meine Tochter so zu reden?«

Die Frau schien völlig unbeeindruckt und grinste einfach weiter.

Ich schüttelte den Kopf, trat einen Schritt näher an sie heran, hob den Zeigefinger und sagte: »Na gut, aber Sie wissen ja: Man sieht sich immer zweimal im Leben. Und auf das zweite Mal werde ich mich dann auch so wie Sie freuen.«

Wir fuhren mit der Rolltreppe hinunter. Aus dem Augenwinkel sah ich, wie ihr Mann und die Kinder sich beschämt wegdrehten – wenigstens denen war die Situation unangenehm.

Über diesen Vorfall war ich noch einige Tage länger wütend. Waren wir etwa im Zoo gewesen und Cheyenne die Hauptattraktion, oder was hatte die Frau sich gedacht? Und dieses dämliche Grinsen. Dazu die vollkommene Überzeugung, nichts falsch gemacht zu haben. Irgendwie beschäftigte diese Aktion mich. Denn in was für einer Welt leben wir, wenn eine junge Frau, meine Tochter, von einer Wildfremden beleidigt werden kann, und auch noch vor Kindern – als wäre es das Normalste der Welt?

Ich drehte also ein Instagram-Video dazu und berichtete von dem Vorfall. Während ich das Video hochlud, war ich mir sicher, dass die Frau mir folgte und sich auf irgendeine Art und Weise melden würde. Und siehe da: Sie kommentierte das Video mit »Halt die Fresse, du blöde Kuh!«. Ich sah ihren Kommentar und schrieb ihr eine private Nachricht. Ich wollte ihr zeigen, dass ich nicht irgendeine Gestalt aus dem Internet war. Ich schrieb ihr, dass ich mich noch sehr gut an sie erinnern würde, und wünschte ihr anschließend noch einen schönen Tag! Danach kam nichts mehr.

Vielleicht sagt der eine oder andere jetzt so was, wie: »Gut, Natascha, dass jemand deine Tochter auf offener Straße beleidigt, ist die eine Sache: Da sind wir natürlich bei dir, das geht nicht. Aber wenn die Person dann noch etwas Beleidigendes bei Instagram oder auf Social Media hinterherschiebt und du das siehst, musst du ja nicht direkt darauf reagieren oder sie anschreiben. Es besteht doch auch die Möglichkeit, einfach die Kommentarfunktion auszuschalten, dann gibt es für solche Leute keine Möglichkeit mehr, weiter nachzulegen.«

Um ehrlich zu sein, kommen solche Aussagen meistens von Leuten, die nur von außen auf dieses Problem blicken und nicht abstrahieren können. Denn einfach nur die Kommentare auszuschalten ist einfach keine Option. Es ist ein Eingeständnis, vielleicht sogar eine Kapitulation. Man sagt damit doch nur: Ich gebe ein Foto oder ein Video von mir preis, aber was ihr darunterschreibt, das interessiert mich nicht. Aber Cheyenne und ich wollen natürlich auch mit unseren Fans und Followern kommunizieren. Es ist mitunter unterhaltsam zu lesen, was andere Menschen, die einem folgen, über die Postings denken oder was ihnen auffällt. Und viele Kommentare sind ja auch positiv und bestärkend. Soll man sich dem jetzt einfach entziehen und so tun, als wäre man unnahbar? Außerdem kann so ein radikaler Schritt auch wie ein Eingeständnis wirken. Vor allem sich selbst gegenüber.

Dann geht es von »Dann mach doch einfach die Kommentarfunktion aus!« zu »Warum bist du denn überhaupt auf Social Media aktiv?«. Und weiter andere Leute, die meinen: »Du bist beleidigt? Du bist in der Öffentlichkeit. *Ihr* seid in der Öffentlichkeit. Das habt ihr euch selbst ausgesucht. Selbst schuld.«

Und das ist einfach grundlegend falsch.

Ich glaube, es ist wichtig zu verstehen, dass im Fall von Cheyenne, aber auch von vielen anderen Opfern von Cybermobbing niemals die gemobbten Personen das Problem sind. Niemals. Diejenigen, die andere durch Beleidigungen und Hetze bedrängen und drangsalieren sind es, die verurteilt werden müssen. Nach wie vor halte ich es für eine wichtige und auch symbolträchtige Idee, dass Cheyenne in kompletter Eigeninitiative einen Highlight-Ordner mit Nachrichten erstellt und auf Instagram hochgeladen hat – und auch den Schritt zur Polizei gegangen ist.

Allerdings muss man ehrlich sagen, dass Cheyenne und ich durch unsere Reichweite eben auch die Möglichkeit haben, unseren Stimmen Gehör zu verschaffen. Mein Instagram-Video, in dem ich meine Tochter verteidige und den Tätern eine Ansage mache, wurde von der Presse rezitiert, und es wurde darüber berichtet. Wir haben die Möglichkeit, ein Buch zu diesem bewegenden Thema zu machen, und neben Cheyennes persönlichen Erfahrungen mit Mobbing und auch Cybermobbing hatte ich die Möglichkeit, mit Experten zu sprechen und mich zu informieren. Aber diese Möglichkeit hat eben nicht jede oder jeder Betroffene.

Vor allem für diese Menschen möchten wir eine Stimme sein und uns gemeinsam überlegen, wie es möglich ist, sich zur Wehr zu setzen.

»JETZT WERDET IHR LEIDER VON DER MAMA KASTRIERT!«

Natascha Ochsenknecht

»Meine Tochter wird bedroht mit Mord, Vergewaltigung. Ihr wird sogar geschrieben, wie man sie vergewaltigen will. Das ist für mich eine Grenze. An alle asozialen Pissnelken: Ihr seid jetzt einfach dran! Ich kann euch nur eins sagen: Packt euch warm ein. Jetzt werdet ihr leider von der Mama kastriert!«

So sprach ich ziemlich wütend und energiegeladen an einem Februartag im Jahr 2019 in die Frontkamera meines Smartphones und lud das erstellte Video auf meiner Instagram-Seite hoch.

Das Video wurde mittlerweile über hunderttausendmal geklickt. Es war mir wichtig, diese Message nach außen zu tragen. Und zwar mit genau dieser Stimmgewalt und mit dieser, meiner Schärfe. Und auch wenn mir natürlich auch durch die Arbeit an diesem Buch klar geworden ist, dass dies keine bewährte

Strategie für den Umgang mit Cybermobbing ist, so war mir das Video zu diesem Zeitpunkt sehr wichtig, und ich würde es jederzeit wieder genauso machen. Vielleicht nicht in dieser kompletten Radikalität, aber laut zu werden, das konnte ich schon immer, wenn ich es wollte, und jetzt ging es schließlich auch um das Wohlergehen meiner Tochter. Und ich sah und sehe bis heute nicht ein, warum irgendwelche Typen eben nicht das Gefühl haben sollten, dass sie genau unter Beobachtung stehen. Und wenn dieses Video auch nur ein Dutzend potenzieller Mobber abgeschreckt hat, dann war es das auf alle Fälle wert. Ich wollte laut sein, ich wollte die Aufmerksamkeit, weil mir wichtig war, dass die Leute checkten, dass es mir und meiner Tochter ernst war und es Grenzen gibt.

Hinzu kommt auch noch, dass meine und Cheyennes Reaktion ja eine Vorgeschichte hatte. Es war nicht so, als wäre ich einfach so aus der Haut gefahren. Und das war vielleicht auch etwas, was wenige, die mir und Cheyenne folgten, sahen, weil es natürlich nicht in der Öffentlichkeit stattfand: Das Thema Mobbing und nun eben auch Cybermobbing verfolgte uns – wie viele andere Menschen vermutlich auch – schon sehr viel länger und trat nicht erst auf den Plan, kurz bevor Cheyenne und ich dieses Thema öffentlich gemacht hatten.

Zu Anfang, als das mit den Hass-Nachrichten losging, sagte ich ihr natürlich, sie solle die Nachrichten einfach so hinnehmen. In der Medienwelt (und auch in der Modelwelt) kennt man das ja. Es wird getratscht und über einen geredet, es gibt erfundene Geschichten, die in irgendwelchen Klatschmagazinen abgedruckt werden, jemand ruft einen an, sagt, er sei von einem Magazin und will ein Statement für irgendein Gerücht, das jemand anderes in die Welt gesetzt hat, abgeben. Kurzum: Es gibt immer irgendwelche anstrengenden Menschen, die einen, wenn man eben eine gewisse Reichweite hat und in der deutschen TV-Landschaft ein wenig präsenter ist, gehörig nerven. Mein Tipp an Cheyenne war also zunächst: Die Nachricht nehmen, so wie sie ist, und dann in das linke Ohr rein und aus dem rechten Ohr wieder raus. Einfach gar nicht erst verarbeiten. Sich nicht beeindrucken lassen. Und vielleicht ist das auch für mich ein Weg, der sehr gut funktioniert, weil ich mir, auch durch etwas mehr Lebenserfahrung, schon ein sehr dickes Fell angeeignet habe. Aber Cheyenne ist in diesem Punkt etwas sensibler als ich, und jeder Mensch geht eben anders mit so etwas um.

Irgendwann wurden die Bedrohungen und die Anfeindungen ihr Gegenüber so massiv, dass klar war, dass hier nicht einzelne Leute ein Problem mit Cheyenne haben, sondern es nur um puren Hass und Diffamierung geht – um nichts anderes. Es wurde sich regelrecht auf sie eingeschossen. Ich bekam das alles mit und sagte zu meiner Tochter: »Wenn du irgendwie Unterstützung brauchst, dann mach ich ein knallhartes Video, sodass die Leute auch mal wach werden.«

Ich weiß, dass Pressevertreter relativ regelmäßig auf meinen Social-Media-Kanälen vorbeischauen und vieles davon übernehmen. Und hier ist es von Vorteil, dass es einzelne Magazine interessiert, was ich so treibe. Ich wusste: Wenn ich handele, erreiche ich jemanden. Und ich war mir auch von Anfang an sicher, dass ich einschreiten würde, wenn es meiner Tochter schlechter ginge. Irgendwelche Social-Media-Berater hätten im Vorfeld wahrscheinlich so etwas gesagt, wie »Gut, Frau Ochsenknecht, das ist ja eine nette Geste, dass Sie Ihrer Tochter so helfen wollen, aber bedenken Sie doch bitte, Ihre Follower sehen das dann ja alle, Ihre Marke ist dann doch gefährdet …« Bla, Bla, Bla. So etwas hat mich noch nie interessiert und wird mich auch nie interessieren. Denn wenn meine Tochter bedroht wird, gibt es überhaupt keinen Grund für mich, klein beizugeben. Die Täter sollten schon sehen, was sie davon hatten – ohne Rücksicht auf Verluste.

Und irgendwann war es dann so weit. Cheyenne brauchte Unterstützung. Sie wusste einfach nicht mehr weiter. Wir telefonierten, und ich hörte durch das Handy, wie sie am anderen Ende der Leitung seufzte, weil die letzten Tage und die letzten Nachrichten so anstrengend für sie gewesen waren. Schließlich sagte ich zu ihr: »Okay. Ich mache das jetzt.«

Als ich das Video aufnahm, war mir klar, dass ich viel Aufmerksamkeit erzeugen wollte. Einfach weil es mir wichtig war, viele Menschen zu erreichen. Also wählte ich bewusst eine Sprache, die etwas derber war, und legte nicht jedes Wort auf die Goldwaage. Das war nicht besonders höflich und reflektiert, aber als ich das Video machte, war das auch überhaupt nicht meine Intention. Ich wollte laut sein und eine Ansage machen, einfach damit die Leute mal verstanden, was gerade los war. Ich ließ meine echten Emotionen in dem Video zu und sprach aus dem Bauch heraus, denn das ist sowieso der Weg, bei dem ich mich am wohlsten fühle.

Das Video schlug schließlich ein wie eine Bombe und wurde ein echter Klick-Hit. Unter anderem berichteten RTL, NTV, VOX, die »Hamburger Morgenpost«, die »InTouch« und noch weitere darüber. Ich glaube, das Video wurde deshalb so oft angesehen, kommentiert und geteilt, weil ich eben nicht leise und ruhig vor der Kamera saß und kurz angebunden vortrug, wie schlimm es mir und meiner Tochter gehen würde, sondern weil ich austeilte. Ich wollte eine Ansage machen und lospoltern. Ich wollte die Täter wachrütteln und sagen, dass Cheyenne und ich wachsam waren und sie alle Anfeindungen der Polizei melden würde. In einem zweiten Instagram-Video habe ich das Ganze noch mal etwas ruhiger erklärt und auch darauf hingewiesen, dass ich im ersten Video Schlagworte benutzt hatte, damit die Leute reagierten und aufwachten. Das erste Video verfehlte sein Ziel allerdings nicht und die Resonanz und der Zuspruch von verschiedenen Leuten, die sich auf meine und Cheyennes Seite stellten, war wirklich unglaublich. Es war schön zu sehen, dass wir anscheinend einen Nerv getroffen hatten. Wir waren wohl nicht die Einzigen, denen dieses Thema schon länger am Herzen lag …

Schon vor diesem Video stellte sich bei mir als auch bei Cheyenne die Frage, ob es eigentlich einen Unterschied macht, dass vor allem Cheyenne in den sozialen Netzwerken eine gewisse Reichweite hat.

Wie Frau Dr. Fluck es im Gespräch bereits erklärt hat, bietet jemand wie Cheyenne, die viele Menschen erreicht, eben auch mehr Potenzial, die gesamte zerstörerische Sprengkraft von Cybermobbing zu entfesseln. Das Mobbing findet ja zunächst »nur« in einem virtuellen Raum statt. Aber bei Cheyenne wie auch bei vielen anderen Menschen, die in der Öffentlichkeit stehen, bleibt es oft ja nicht dabei.

Hierzu gibt es auch eine Geschichte, die sich ereignete, als Cheyenne gerade in ihre Wohnung zog. Das Haus war noch nicht fertig saniert, es waren viele Handwerker unterwegs, die dort gearbeitet und sie auch gesehen haben. Ein Handwerker hat ihr dann höflich bei Instagram geschrieben. Die Nachricht lautete in etwa: »Hey, ich habe dich gesehen, ich weiß, wo du wohnst. Können wir nicht mal irgendwie was zusammen trinken gehen?« Und auch wenn das nett gemeint und auch nett formuliert war, bei Cheyenne löste so eine Nachricht Unbehagen aus. Denn wenn der Handwerker aus dem Haus wusste, wer sie war und wo sie wohnte, wer wusste es dann noch? Was hinderte den Handwerker denn daran, einfach mal ihr Klingelschild

abzufotografieren und online zu stellen, wenn sie sein Angebot ablehnte? Solch ein Post mit einer privaten Adresse wäre
bestimmt von den Facebook-, Twitter- oder Instagram-Com-
munity-Managern gelöscht worden, aber wann? Nach zehn
Minuten? Zwei Stunden? Oder nach zwei Tagen? Eine gewisse
Restunsicherheit wäre auch dann bestehen geblieben.

In so einem Fall muss man sich mit einem starken Selbstbewusstsein erst mal eine gute mentale Grundlage bilden, um
nicht dauernd an diese »Was wäre wenn?«-Option zu denken.

Deshalb habe ich auch versucht, meine Kinder so zu erzie-
hen, dass sie in erster Linie mental stabil sind. Denn was nützt
eine gute Schulnote, wenn man innerlich kaputt und zerbrech-
lich und psychisch nicht bei sich ist? Es war mir daher immer
sehr wichtig, meinen Kindern von Anfang an mitzugeben, wie
wichtig sie sind, dass sie geliebt werden und dass jemand anderes, jemand von außen, sie niemals brechen oder ernsthaft
verletzen könne.

An dieser Stelle gibt es noch etwas, das ich unbedingt er-
wähnt haben möchte. Denn aus tiefster Überzeugung plädiere
ich für eine Klarnamenpflicht bei Instagram und Co. Oft erkannt man Fakes ja sehr schnell, aber es dauert nur etwa eine
halbe Sekunde, bis die potenziellen Mobber sich einen neuen
Fake-Namen machen und bei sozialen Medien anmelden. Und
das sollte unterbunden werden. Durch die Einfachheit der Benutzeroberfläche und einer schnellen Neuregistrierung (wovon
ja in erster Linie auch die Betreiber der Netzwerke profitieren)
ist es eben auch viel leichter, jemanden über ein soziales Netzwerk anzugehen, als es das in der »echten« Welt wäre.

Überlegen Sie doch mal selbst: Wie beleidigt man jemanden,
ohne ihm persönlich zu begegnen und ohne die Hilfe eines

sozialen Netzwerks? Schriftlich. Also schreibt der Mobber (theoretisch) einen Brief, der zugestellt werden muss. Dafür sind einige Werkzeuge nötig. Ein Stift. Ein Blatt Papier. Und der potenzielle Täter muss sich an einen Schreibtisch setzen und sich überlegen, was er oder sie jetzt eigentlich ausdrücken will. Was ist seine Intention? Was ist sein Problem? Den Stift zerkauend sitzt da also jemand in seinem stillen Kämmerchen und überlegt, wie er sich ausdrücken will. Und in all dieser Zeit, in der der potenzielle Täter bei Instagram schon fünf- bis zehnmal »Lutsh meinen shwanz!« oder »Du bist vol das Opfer ey!« geschrieben hätte, beginnt jetzt die Gedankenspirale: Was schreib ich denn jetzt? »Du blöde ...« Welche Beleidigung passt? Und was schreibe ich weiter? Und an wen schreibe ich eigentlich gerade? Kenn ich die Person eigentlich? Na ja. Nicht so richtig. Sie hat halt viele Follower. Moment, warum schreibe ich hier eigentlich?

Und dann wird irgendwann klar: Es gibt ja keinen Grund, eine schriftliche Hasstirade loszulassen. Aber in Zeiten von Instagram fällt diese selbstreflektierende Gedankenspirale weg. Da folgt Impuls auf Impuls.

Cheyennes Story oder Bilder erscheinen auf dem Display, und weil unser Täter private Probleme oder sonst was hat, reagiert er wütend darauf – ohne sich auszumalen, was das für Cheyenne bedeutet, wenn sie diese Nachricht bekommt. Und das ist ein Problem, das nie angesprochen wird. Vielmehr bekommt man vermehrt das Gefühl, das Problem würde bei den Empfängern, nicht bei den Sendern liegen. Und dann gibt es eben diese Stimmen, die sagen: »Selbst schuld!« und »Ihr zeigt euer Wohnzimmer und ihr zeigt eure Küche, Pech gehabt!« Aber das ist totaler Unsinn. Es gibt für Mobbing keinen Freifahrtschein, und solche fiesen Attacken passieren Privatmenschen ja genauso wie Personen, die in der Öffentlichkeit stehen. Und nur weil man zum Teil ein öffentliches Leben führt, trägt man keine Schuld daran, das gewisse Menschen im Internet jemanden beleidigen. Hier einfach den Spieß umzudrehen und die Opfer in eine Täterrolle zu drängen ist grundlegend falsch und gehört geradegebogen.

Nur weil ihr ein paar Follower mehr habt als andere, ist das noch lange kein Grund, euch beleidigen zu lassen. Das ist in etwa so, wie jungen Frauen, die Opfer einer Vergewaltigung geworden sind, vorzuwerfen, es sei ihre eigene Schuld, denn sie hätten ja auch ein sehr knappes Kleid angezogen. Was für eine groteske Schuldumkehr! Mein Instagram-Video endete übrigens mit den Worten: »Ich würde es mir in Zukunft sehr gut überlegen, sich über meine Tochter lustig zu machen.« Und dabei bleibe ich bis heute!

Für dieses Buch bekam ich die Möglichkeit, Anna-Lena von Hodenberg, die Geschäftsführerin von »HateAid«, zu treffen und mich mit ihr über ihre Arbeit zu unterhalten.

09:36 1:42
<

Dixh und deine mutter muss man schlachten lassen ;)

möchte dir eine Nachricht senden
198 Abonnenten 17 Beiträge

Möchtest du, dass ... ob sofort Nachrichten senden kann? Er/Sie kann nur dann sehen, ob du seine/ihre Anfrage gesehen hast, wenn du Annehmen auswählst.

Blockieren   Löschen   **Annehmen**

09:39 17:32
<

Was sagt ihr dazu?

ES STIMMT ABER!!! CHECKT ES DOCH EINFACH MAL ODER HEULT EINFACH ALLE LEISE!!! WENN MAN SICH IM SOCIAL MEDIA MIT JEDEM 3 ODER 4 BILD HALB PROSTITUIERT, JEDES MAL RUMHEULT UND EINEN AUF OPFER MACHT, ABER IM GLEICHEN ATEMZUG AM BESTEN NOCH EIN NACKTERES BITCHPIC HOCHLÄDT, DANN BRAUCHT MAN SICH DOCH GOTT VERDAMMT NICHT MEHR WUNDERN IHR DUMMEN, PRIMITIVEN MENSCHEN!!!

Hat auf deine Story geantwortet

:chte dir eine Nachricht senden
201 Abonnenten 0 Beiträge

Möchtest du, da ... sofort! Nachrichten senden kann? ErSie kann ... sehen, ob du seine/ihre Anfrage gesehen hast, wenn du Annehmen auswählst.

Blockieren   Löschen   **Annehmen**

09:41 10:04
< Лион
0.on6389

9:44 AM

hi

Das Bild ist verschwommen, um dich vor ungewollten Inhalten zu schützen. Tippe darauf, um eine Vorschau anzuzeigen.

Лион möchte dir eine Nachricht senden
18 Abonnenten 1 Beitrag

Möchtest du, dass (Name)dir ab sofort Nachrichten senden kann? Er/Sie kann nur dann sehen, ob du seine/ihre Anfrage gesehen hast, wenn du Annehmen auswählst.

Blockieren   Löschen   **Annehmen**

09:42 17:10
<

Boar, wie behindert muss man sein. Gibst du dich jetzt als Sprüher oder was. Einfach nur peinlich deine Visage.

09. Jul, 9:18 PM

Hat auf deine Story geantwortet

Nur du kannst dies sehen

Du bist so eine Geld geile Hure. Und deine hässliche ecklige Mutter erst verpisst euch doch einfach aus der Öffentlichkeit, ihr Z Promis

9:49 PM

:nöchte dir eine Nachricht senden
2 Abonnenten 0 Beiträge

Möchtest du, dass ... sofort Nachrichten senden kann? ErSie kann nur dann sehen, ob du seine/ihre Anfrage gesehen hast, wenn du Annehmen auswählst.

Blockieren   Löschen   **Annehmen**

Screen 1 (09:51)

7:53 ‖ LTE

< ―

(i)

Dienstag, 6:30 PM

Hat auf deine Story geantwortet

🕐
Nur du kannst
das sehen

Herzlichen Glückwunsch, am letzten Tag des Jahres hast du es geschafft den größten und dümmsten Schwachsinn zu schreiben, den ich dieses Jahr gelesen habe. Wie unfassbar dumm und ignorant muss man bitte sein?!

... öchte dir eine Nachricht senden
206 Abonnenten 38 Beiträge

Möchtest du, dass ... 'r ab sofort Nachrichten senden kann? EzSie kann nur dann sehen, ob du seine/ihre Anfrage gesehen hast, wenn du Annehmen auswählst.

Blockieren   Löschen   **Annehmen**

Screen 2 (09:52)

7:17 ‖ ⌃

< ↻ ·

⚐ (i)

06. Dezember, 6:30 PM

Hat auf deine Story geantwortet

🕐
Nur du kannst
das sehen

Dein Schädel ist gigantisch im Vergleich zu deinem Körper. Siehst aus wie eine Transe.

11:84 AM

Hahah wie du aussiehst. Richtiger Clown.

📷 Nachricht schreiben ...   🎤 🖼 ➕

Screen 3 (09:52)

11:14 ‖ ⌃

< ·

(i)

11:12 AM

Du bist echt hässlich selbst mit lippen 🤭

So richtige dötschi face

... öchte dir eine Nachricht senden
382 Abonnenten 22 Beiträge

Möchtest du, das ... ‖ sofort Nachrichten senden kann? EzSie kann nur dann sehen, ob du seine/ihre Anfrage gesehen hast, wenn du Annehmen auswählst.

Blockieren   Löschen   **Annehmen**

Screen 4 (09:54)

‖ 1&1 ⌃ 🔋   7:53 P⋯   11 %🔋

<   (i)

Heute um 16:56

Arrogante schlampe sowas was besseres als gntm wirst du nie bekommen

... öchte dir eine Nachricht senden
29 Abonnenten 0 Beiträge

Möchtest du ... erlauben, dir in Zukunft Nachrichten zu senden? Er/sie kann nur sehen, ob du seine/ihre Anfrage gesehen hast, wenn du „Zulassen" wählst.

Ablehnen   **Zulassen**

»UNBEDINGT ANZEIGEN!«

Anna-Lena von Hodenberg

Stellen Sie sich einmal folgendes Szenario vor. Sie bemerken an einem sonnigen Tag, dass Ihr Nachbar Ihre frisch gepflanzten Rosen aus dem Vorgarten geklaut hat. Es ist relativ offensichtlich, dass er sie Ihnen entwendet hat, weil sie nun in seinem Garten stehen. Die Rosen sind Ihnen nicht so wichtig, aber schön ist es natürlich nicht. Beweisen können Sie ihm den Tathergang aber nicht. Sie gehen hinüber zum Gartenzaun, wo Ihr Nachbar gerade den Rasen mäht, und stellen ihn zur Rede. Ihr Nachbar, ein älterer missmutiger Herr, mit dem Sie eh nie gut zurechtkamen, winkt Ihre Vorwürfe ab und bezeichnet Sie unter dem ratternden Geräusch des Rasenmähers als »Blöde Kuh!«. Sie sind beleidigt und entrüstet und drehen sich entnervt um. Würden Sie in diesem Fall zur Polizei gehen? Wohl eher nicht.

Die zuständige Polizeidienststelle und im nächsten Schritt ein deutsches Gericht würden Sie inständig darum bitten, diese Angelegenheit persönlich zu klären. Der Polizist oder die Polizistin, der oder die Ihren Fall bearbeitet, würde Sie vielleicht bitten, nachsichtig zu sein und mit dem Nachbarn über den Vorfall zu sprechen. »Blöde Kuh« ist sicherlich nicht nett und der kleine Rosendiebstahl ist es noch weniger, aber jetzt eine Strafanzeige zu stellen, das wäre doch etwas zu weit gegriffen und für die Nachbarschaft zukünftig eher hinderlich. So weit, so gut.

Aber jetzt stellen Sie sich folgendes Szenario vor. Sie bekommen jeden Tag über hundert personalisierte Nachrichten auf Ihr Handy – über Instagram. Zu jeder Zeit an jedem Ort. Wenn Sie mit Freunden im Café sind und sich über den neuesten Klatsch und Tratsch austauschen, wenn Sie am Hotelpool im Urlaub ein gutes Buch lesen, wenn Sie mit Ihrem Partner auf Ihrer Lieblingscouch sitzen und einen spannenden Film schauen. Ihr Handy vibriert kurz und benachrichtigt Sie über eine neue Nachricht. Und in dieser Nachricht steht zu jeder Uhrzeit eine massive Beleidigung, die nicht mit einem hinterhergerufenem »Blöde Kuh« zu vergleichen ist. Vielmehr schreibt Ihnen ein anonymer Nutzer, dessen Profil Sie nicht anklicken können, eine personalisierte Nachricht. Nennt Ihren Vor- und Zunamen und beschreibt im Detail, wie er Sie gern vergewaltigen würde. Der Nutzer unterstreicht seinen Text mit pikanten Details aus Ihrem Leben. Sie schlafen schlecht. Die Nachrichten und die Einzelheiten sorgen für Albträume. Sie fühlen sich angegriffen und gleichzeitig überfordert, weil Sie nicht wissen, von wem diese Bedrohung ausgeht. Als Sie sich nach einigen Tagen Ihren Liebsten öffnen und sagen, dass Sie bedroht werden, nehmen Sie auf Zuspruch Ihrer Freunde all Ihren Mut zusammen und gehen zu einer Polizeidienststelle. Hier angekommen gähnt der Beamte müde. Er denkt an einen Fall von vorgestern, in dem es um einen Nachbarschaftsstreit ging. Die Nachrichten, die Sie bekommen hätten, das sei zwar nicht so nett, aber man könne Nutzerprofile auf Instagram mit einem einfachen Mausklick blockieren, und damit hätte sich die Sache erledigt. So einen Fall vor Gericht zu bringen sei sehr langwierig, erklärt Ihnen der Beamte, und für Sie als Privatperson auch relativ teuer. Er rät Ihnen ab, diesen Fall anzuzeigen, »weil das ja eh nichts bringt«.

Merken Sie, was passiert? Zwei völlig unterschiedliche Szenarien werden fast identisch behandelt. Im zweiten beschriebenen Fall wird eindringlich auf den ersten verwiesen, weil unser fiktiver Polizist hier keinen Unterschied sieht. Und das ist ein Unding. Vonseiten der Polizei findet hier keine Unterscheidung statt. Um eben eine klare Trennung von solchen Szenarien durchzusetzen und den Betroffenen digitaler Gewalt eine Stimme zu geben, haben wir 2017 »HateAid« gegründet. »HateAid« soll über die Gefahren für Demokratie und Meinungsfreiheit aufklären und setzt sich gegen Hate Speech (also Hassreden) im Netz ein. Bei der Gründung war uns klar: Es braucht eine bundesweite Stelle, die sich nur und zwar ausschließlich um die Betroffenen von digitaler Gewalt kümmert und die unter anderem einen Prozesskostenzuschuss beisteuert.

Ein langfristiges Ziel von »HateAid« ist die Kriminalprävention. Denn es steht außer Frage, dass die massive Bedrohung einer einzelnen Person etwas völlig anderes ist als ein beliebiger Nachbarschaftsstreit, in dem sich beteiligte Personen kennen und auch abschätzbar ist, in welchem Rahmen sich dieser Streit bewegt. Es geht »HateAid« vorrangig darum zu verbreiten, dass es ein Unding ist, dass Menschen massiv im Internet beleidigt werden. Noch ist es im Bewusstsein der Menschen nicht angekommen, dass sie eine Straftat begehen, wenn sie andere Menschen beleidigen und ihnen beispielsweise mit dem Tod drohen. Cheyennes Nachrichten, die sie bewogen haben, zur Polizei zu gehen, sind Beweis genug. Die Täter handeln von zu Hause oder schreiben von ihren Handys aus und fühlen sich in der Anonymität des Netzes sicher. Aber dieses Bewusstsein kann und muss sich ändern. Dazu wollen wir mit »HateAid« gern unseren Beitrag leisten. Doch wie ist das möglich? Wie kann sich das Bewusstsein von potenziellen Tätern ändern? Klare Antwort: durch Kriminalprävention.

Doch wie sieht die konkret aus? Hier hilft vielleicht ein Beispiel aus der Vergangenheit. Bis vor fünf Jahren haben nicht wenige Menschen regelmäßig Musik oder Filme aus dem Internet heruntergeladen. Auf Filesharing-Plattformen wie eMule, BitTorrent oder Ähnlichen. Die Medienbranche steckte in einer Krise. Es kam zu einer Abmahnungswelle, die vor allem Privatpersonen betraf. Vielleicht waren Sie nicht persönlich betroffen, aber bestimmt haben Sie ein oder mehrere Freunde oder Bekannte in Ihrem Umfeld, die damals abgemahnt und zur Kasse gebeten wurden. Diese Abmahnwelle hatte zur Folge, dass Internet-User vorsichtiger wurden. Die Zahlen illegaler, da urheberrechtlich geschützter, Downloads ging zurück, weil klar wurde, dass die Lizenzbetreiber ihr Recht einfordern und Ernst machen. Zugleich wuchs das Angebot von legalen Streaming-Plattformen wie Netflix und Amazon-Video. Einzelne Internet-User konnten nun Geld bezahlen und einfach legal streamen, ohne ein Gesetz zu brechen, und es gab keinen Grund mehr, Videos oder Musik illegal herunterzuladen.

Übertragen wir diese Entwicklung auf das heutige Rechtssystem, lässt sich feststellen, dass es seitens des Rechtsstaats kein Angebot gibt, was dem Internet-User, in unserem Fall eine von Cybermobbing betroffene Person wie Cheyenne, in irgendeiner Art und Weise entgegenkommt. Potenzielle Täter fühlen sich in der scheinbaren Anonymität des Netzes sicher, da sie keine Angst davor haben, abgemahnt und zur Kasse gebeten oder anderweitig bestraft zu werden. Wir von »HateAid« versuchen also, ganz deutlich durchzusetzen: Wer andere Menschen im Internet massiv beleidigt und mobbt, begeht eine Straftat. Und das muss auch ganz deutlich nach außen hin kommuniziert werden.

Wie arbeitet »HateAid« konkret?

Uns von »HateAid« war klar, wir müssen eine Beratungsstelle gründen, die sich um die Betroffenen von digitaler Gewalt kümmert. Andere Beratungsstellen kennen sich vielleicht in einzelnen Teilbereichen aus. Also beispielsweise mit digitaler Gewalt. Aber dann ohne eine Prozessführung. »HateAid« bietet eben eine Art Gesamtpaket.

Konkret sieht das so aus: Zu uns kommen die unterschiedlichsten Personen, die im Netz angegriffen werden. Zum Teil haben sie schon von sich aus Beweise gesichert, Screenshots gemacht und berichten, was ihnen widerfahren ist. Die meisten Klienten rufen erst einmal an und reden nur darüber. Dieser Erstkontakt ist elementar und für viele Betroffene auch ein wichtiger Schritt. Nicht wenige brauchen eine emotional stabilisierende Erstberatung und eine anschließende psychologische Beratung. Für diesen Fall suchen wir dann passende Therapeuten oder helfen bei der Suche. Die Therapeuten wissen dann schon direkt, dass die Fälle von uns kommen, und können sich darauf einstellen. Vor allem in schlimmen Fällen können wir so einen kurzfristigen Termin bekommen und schauen, dass wir an Beratungsstellen vor Ort rankommen.

Ist die Person dann emotional einigermaßen stabilisiert, bieten wir sogenannte Privatsphärenchecks an. Im Fall von Cheyenne würden wir erst einmal schauen, ob es im Netz nicht doch persönliche Daten von ihr gibt. Ist es für potenzielle Täter vielleicht möglich, an einzelne sensible Daten zu kommen? Aus unserer Erfahrung wissen wir, dass einzelne Hater, wenn sie sich einmal auf ein Ziel eingeschossen haben, das Netz solange nach persönlichen Daten durchforsten, bis sie fündig werden. Wir bieten den Klienten also an, dass wir wirklich mal von außerhalb schauen, ob sie fahrlässig mit ihren Daten umgegangen sind. Wir screenen ihre Profile, geben eine Rückmeldung und sagen beispielsweise: »Stell doch mal einen Löschantrag bei Google! Denn in einem öffentlich einsehbaren Dokument ist deine Adresse einsehbar.« Viele unserer Klienten haben gerade bei Facebook ihre Privatsphäre-Einstellungen nicht richtig eingestellt, und viele Fremde können viel zu viel von ihren privaten Details sehen.

Wer sind die Familienmitglieder? Mit wem ist man wie lange schon befreundet? Wie ist der Beziehungsstatus? Ist der Partner, die Partnerin eine Person der Öffentlichkeit?

Oft ist es eben auch so, dass die Leute sehr leicht hackbar sind. Wir fragen dann nach: Hast du gute und sichere Passwörter? Hast du überall eine Zwei-Faktor-Authentifizierung? Weißt du eigentlich, was das ist? Cheyennes Vorteil ist natürlich, dass sie mit ihren Daten wahrscheinlich schon relativ bedacht umgeht.

Haben wir nun also einen konkreten Fall vor uns, gehen wir gemeinsam mit der betroffenen Person zur Polizei und bringen diesen Fall auch mit vor Gericht. Ein großes Problem ist die Umsetzbarkeit der Gesetze. Die Gesetze über Beleidigung und üble Nachrede existieren, hierzu gab es in der Vergangenheit auch noch eine Verschärfung der Gesetzeslage. Die Rechtsdurchsetzung passiert oft deshalb nicht, weil viele Betroffene ihre Fälle erst gar nicht zur Anzeige bringen. Dies kann mehrere Gründe haben: weil Betroffene eben davon ausgehen, es würde sowieso nichts passieren, oder weil sie Angst davor haben, verlacht zu werden.

Das allgemeine Problem in der Judikative ist: Wenn Betroffene gegen ihre Peiniger klagen, müssen sie, vor allem bei Beleidigungen und Bedrohungen, zivilrechtlich dagegen vorgehen. Cheyenne müsste also gegen den nett aussehenden Familienvater auf dem Bild, der ihr bei Instagram schreibt, dass er sie töten möchte, über einen Anwalt klagen. Es greift hier das Zivilrecht.

Zu einem Anwalt zu gehen bedeutet im Weiteren aber auch: Erst einmal muss bezahlt werden. Cheyenne müsste also ein Kostenrisiko gehen. Zunächst zahlt sie ungefähr 2000 Euro für ihren eigenen Anwalt und dann noch mal 2000 Euro für die Gegenseite – wenn sie verliert. So kommt man ganz schnell auf rund 4000 Euro. Wohlgemerkt pro Fall und pro Äußerung. Das ist eine ganze Stange Geld, die man als Privatperson hier vorstrecken muss. Wird man also zehnmal beleidigt und zieht zehnmal vor Gericht, geht es um 40.000 Euro. Und bei so einem Geldbetrag schließt sich natürlich die Frage an: Wie kann es eigentlich sein, dass ich beleidigt werde und unter Umständen vielleicht noch Geld verliere? Und dann ist es im nächsten Schritt ja nur nachvollziehbar, dass man sich als Betroffene oder Betroffener denkt: Natürlich ist das mit den Hassnachrichten sehr schlimm, und mir geht es schlecht deswegen, aber so viel Geld dafür einzusetzen, dass das Ganze eh nicht vor Gericht durchgeht – das muss ja nicht sein. Dass es sich trotzdem lohnt zu klagen, zeigen zwei Erfolge, die wir im Februar 2020 bei der Grünenpolitikern Renate Künast erringen konnten. Der Büroleiter des AfD-Bundestagsabgeordneten Leif-Erik Holm musste für einen beleidigenden Tweet 3000 Euro Strafe zahlen. Auch der rechtsextreme Blogger Sven Liebich musste aufgrund eines beleidigen Beitrags auf seinem Weblog 10.000 Euro an Renate Künast zahlen und zudem die Prozesskosten von 1800 Euro übernehmen.

Anzeigen und Klagen kann sich also auch lohnen und ist vor allem für die Außenwirkung unglaublich wichtig. Ein langfristiges Zukunftsziel muss es daher sein, dass sich Menschen zweimal überlegen, was sie wie über wen posten.

UND WAS SAGT DAS GESETZ ZUM THEMA CYBERMOBBING?

Natascha Ochsenknecht

Ich bin der Meinung, dass es beim Thema Cybermobbing härtere Strafen geben sollte und richtig durchgegriffen werden muss. Was bringt auch eine niedrige Strafe, die nur dazu führt, dass Täter einfach weitermachen – und sich eventuell noch feiern lassen? Cybermobbing sollte ein eigener Straftatbestand sein, da es eben nicht wenige Menschen sind, die andere über soziale Netzwerke belästigen. Auch die Gesetzeslage ist relativ veraltet. Früher gab es kein Instagram und Ähnliches, aber entsprechende Gesetze kommen aus einer analogen Welt. Und auch abseits des Gesetzes ist es doch seltsam: Jemand wie Cheyenne muss sich im Netz aktiv dafür stark machen, dass sie von älteren Menschen NICHT belästigt wird. Es gibt hier kein Regulativ, kein Gesetz, sondern die Opfer müssen sich selbst zu Wort melden und durch juristische Instanzen gehen, bis sie gehört werden. Das ist schade. Und so gut auch Initiativen wie »HateAid« sind, so traurig ist es doch, dass scheinbar die Notwendigkeit besteht, sie ins Leben zu rufen.

Wenn es also durch »HateAid« bereits so etwas wie einen Prozesskostenzuschuss gibt, drängt sich natürlich die Frage auf: Wie ist eigentlich die Rechtslage hinsichtlich Cybermobbing? Hier muss relativ ernüchternd festgestellt werden: Cybermobbing selbst ist kein eigener Strafbestand, wird also nicht im Gesetz aufgeführt. Stattdessen vereinigen sich in Cybermobbing viele einzelne Straftaten. Vielen ist das nicht bewusst. Das ist vielleicht auch mit ein Grund, warum die meisten Nachrichten so ungehemmt und ungefiltert bei Cheyenne landen. Einfach weil die Täter sich sicher fühlen und sich nicht im Klaren darüber sind, dass sie irgendetwas falsch machen. Klar ist: Die Täter von Cybermobbing machen sich in der Regel strafbar. Hier greift ganz klar das Gesetz. Die polizeiliche Kriminalprävention für Bund und Länder informiert im Internet über Straftaten, die ein Teil von Cybermobbing sind. Und das sind mitunter einige, je nachdem, was der Mobber dem Opfer via Instagram, Facebook oder einem anderen Medium an den Kopf wirft. Wurde Cybermobbing an sich bisher noch nicht als konkreter Straftatbestand geführt, können dennoch gegen verschiedene Handlungen rechtliche Maßnahmen ergriffen werden. Folgende Straftatbestände können theoretisch – abhängig vom jeweiligen Fall – angeprangert werden, wenn es um das Thema Cybermobbing geht:

- § 131 StGB »Gewaltdarstellung«
- § 185 StGB »Beleidigung«
- § 186 StGB »Üble Nachrede«
- § 187 StGB »Verleumdung«

- § 201a StGB »Verletzung des höchstpersönlichen Lebensbereichs durch Bildaufnahmen«
- § 223 StGB »Körperverletzung«
- § 238 StGB »Nachstellung«
- § 240 StGB »Nötigung«
- § 253 StGB »Erpressung«
- § 22 KustUrhG »Recht am eigenen Bild«

Eine der hier aufgeführten beispielhaften Straftaten, die ein Teil von Cybermobbing sein kann, ist die Beleidigung, im Strafgesetzbuch ist sie im § 185 festgehalten. Eine Beleidigung wird mit einer Freiheitsstrafe bis zu einem Jahr oder mit Geldstrafe und, wenn die Beleidigung mittels einer Tätlichkeit begangen wird, mit einer Freiheitsstrafe bis zu zwei Jahren oder mit Geldstrafe bestraft. Und so liest sich eine beleidigende Nachricht schon einmal ganz anders, wenn klar wird, dass eine Geldstrafe im Raum steht und die virtuelle Demütigung plötzlich Realität wird, wenn es an den eigenen Geldbeutel geht. Aber dies ist nur eine der Straftaten, die ein Teil von Cybermobbing sein können. Ein weiterer Straftatbestand, der hier mit aufgelistet ist, ist die üble Nachrede sowie darauffolgend die Verleumdung. Bei der üblen Nachrede sagt das Strafgesetzbuch: »Wer in Beziehung auf einen anderen eine Tatsache behauptet oder verbreitet, welche denselben verächtlich zu machen oder in der öffentlichen Meinung herabzuwürdigen geeignet ist, wird, wenn nicht diese Tatsache erweislich wahr ist, mit Freiheitsstrafe bis zu einem Jahr oder mit Geldstrafe und, wenn die Tat öffentlich oder durch Verbreiten von Schriften begangen ist, mit Freiheitsstrafe bis zu zwei Jahren oder mit Geldstrafe bestraft.« Das ist schon mal eine heftige Ansage, wenn auch etwas kryptisch formuliert.

Zur Verleumdung sagt das Strafgesetzbuch: »Wer wider besseres Wissen in Beziehung auf einen anderen eine unwahre

Tatsache behauptet oder verbreitet, welche denselben veräcicht-
lich zu machen oder in der öffentlichen Meinung herabzuwürdigen oder dessen Kredit zu gefährden geeignet ist, wird mit
Freiheitsstrafe bis zu zwei Jahren oder mit Geldstrafe und, wenn
die Tat öffentlich, in einer Versammlung oder durch Verbreiten
von Schriften begangen ist, mit Freiheitsstrafe bis zu fünf Jahren oder mit Geldstrafe bestraft.« Verleumdung und üble Nachrede sind also wirklich keine Kavaliersdelikte, und das Strafgesetzbuch greift hier hart durch. Die aufgelisteten Straftaten
sind aber auch nur Straftaten, die ganz offensichtlich ein Teil
von Cybermobbing sind. Aber natürlich werden auch andere
Tatbestände in Betracht gezogen, die eng mit Cybermobbing
verknüpft sind. Denn eine beleidigende Nachricht zu schicken
und damit unter den Straftatbestand »Beleidigung« zu fallen
oder jemanden zu verleumden ist eine Sache – aber auch wenn
jemand beispielsweise ein persönliches Gespräch mit mir und
Cheyenne in einem Restaurant mit einem Audiogerät auf-
nimmt und verbreitet, ist dies strafrechtlich relevant. Hier greift
§ 201 StGB »Verletzung der Vertraulichkeit des Wortes.«
Auch illegal gemachte Filmaufnahmen sind strafrechtlich
relevant. So heißt es im Gesetz: »Mit Freiheitsstrafe bis zu zwei
Jahren oder mit Geldstrafe wird bestraft, wer 1. von einer anderen Person, die sich in einer Wohnung oder einem gegen
Einblick besonders geschützten Raum befindet, unbefugt eine
Bildaufnahme herstellt oder überträgt oder dadurch den höchstpersönlichen Lebensbereich der abgebildeten Person verletzt, 2.
eine Bildaufnahme, die die Hilflosigkeit einer anderen Person
zur Schau stellt, unbefugt herstellt oder überträgt und dadurch
den höchstpersönlichen Lebensbereich der abgebildeten Person
verletzt, 3. eine durch eine Tat nach den Nummern 1 oder 2
hergestellte Bildaufnahme gebraucht oder einer dritten Person
zugänglich macht oder 4. eine befugt hergestellt Bildaufnahme

der in den Nummer 1 oder 2 bezeichneten Art wissentlich unbefugt einer dritten Person zugänglich macht und dadurch den höchstpersönlichen Lebensbereich der abgebildeten Person verletzt.«

Andere Tatbestände, die bei Cybermobbing in Betracht gezogen werden können, sind außerdem Nötigung, Bedrohung und Gewaltdarstellung. Die schlimmsten Formen von Cybermobbing können ein Fall für eine Strafanzeige sein – unter Umständen parallel zu zivilrechtlichen Maßnahmen. Dazu zählen beispielsweise Fälle, in denen Opfern ernsthaft körperliche Gewalt angedroht wird. Und so verkehrt klingt das Ganze ja auch nicht. Aber ein großes Problem hierbei ist: Cybermobbing findet eben auch in Foren oder auf Webseiten statt, die sich der deutschen Rechtsprechung völlig entziehen. Zum Beispiel, weil sich ein Großteil der als Cybermobbing bezeichneten Aktivitäten auf Webseiten und Foren verlagert, die im Ausland angemeldet sind. Es ist schwierig, dagegen vorzugehen.

Immerhin: 2013 wurde bereits von Nordrhein-Westfalens Justizminister Thomas Kutschaty gefordert, einen Cybermobbingparagrafen im deutschen Strafrecht einzubringen, um Opfern schneller helfen zu können. Aber was geschah? Er scheiterte mit diesem Versuch im Landtag – traurig aber wahr!

Die Rechtslage in anderen Ländern

In Österreich ist Cybermobbing seit 2016 strafbar. Der im österreichischen Strafgesetzbuch verwendete Titel des Delikts lautet: »Fortgesetzte Belästigung im Wege einer Telekommunikation oder eines Computersystems.« Strafbar macht sich, wer »im Wege […] unter Verwendung eines Computersystems […], welches geeignet ist, eine Person in ihrer Lebensführung […] zu beeinträchtigen, eine längere Zeit hindurch fortgesetzt eine Person für eine größere Zahl von Menschen wahrnehmbar an der Ehre verletzt oder Tatsachen oder Bildaufnahmen des höchstpersönlichen Lebensbereiches einer Person ohne deren Zustimmung für eine größere Zahl von Menschen wahrnehmbar macht.« Wer gegen dieses Gesetz verstößt, wird in Österreich mit einer Freiheitsstrafe von bis zu einem Jahr oder einer Geldstrafe bestraft. Österreich hat also tatsächlich ein relativ aktuelles und fortschrittliches Gesetz gegen Cybermobbing auf den Weg gebracht. Hinzu kommt: Hat die Tat den Selbstmord oder einen Selbstmordversuch der verletzten Person zur Folge, so ist der Täter mit einer Freiheitsstrafe von bis zu drei Jahren zu bestrafen. Das wird nicht alle Menschen davon abhalten, jemanden im Internet zu mobben, aber die Außenwirkung, die durch die Öffentlichmachung dieser Strafmaßnahmen erfolgt, ist viel wert. Die Österreicher sagen ihren Bürgern so: Ihr macht euch strafbar, wenn ihr jemanden über soziale Netzwerke angreift, und kommt es zu einem Selbstmord, was ja in der Vergangenheit (auch in Deutschland) geschehen ist, kommt ihr für mehrere Jahre hinter Gitter.

In der Schweiz hingegen existiert kein eigenständiger Straftatbestand zum Cybermobbing. Auch hier ist nur eine Bestrafung über die Delikte des Strafgesetzbuchs möglich – ähnlich wie in Deutschland. Auch Spanien, Italien oder Frankreich verfügen nicht über ein eigenes Anti-Cybermobbinggesetz. Auch hier ist eine Bestrafung nur anhand der bestehenden Straftatvorschriften möglich.

In Italien wurde im Januar 2013 nach dem Suizid eines vierzehnjährigen Mädchens nach wiederkehrendem Cybermobbing über eine Maßnahme diskutiert. 2014 wurde ein Verhaltenscodex veröffentlicht, der Maßnahmen enthält, um

Cybermobbing entgegenzutreten. Der Verhaltenskodex richtet sich allerdings an Internet-Provider, soziale Netzwerke und Plattformen und legt diesen im Rahmen der Selbstregulierung die Abgabe einer freiwilligen Selbstverpflichtungserklärung zur Umsetzung dieser Maßnahmen nahe. Ob die Anbieter sich allerdings daranhalten und mitspielen, ist ihnen überlassen.

Allerdings gibt es auch auf der Ebene der EU Bemühungen, Cybermobbing den Kampf anzusagen. Die Europäische Kommission veranstaltet einmal jährlich den »Safer Internet Day«, um die Sicherheit im Internet, insbesondere für Kinder und Jugendliche, zu verbessern. Schon 2009 wurde auf diesem Weg erreicht, dass Internetfirmen und Vertreter von sozialen Netzwerken, wie Google, YouTube und Facebook, eine Selbstverpflichtungserklärung zum Jugendschutz unterzeichnet haben. Die darin formulierten Grundsätze beinhalten die Informationspflicht, Altersdifferenzierung beim Inhaltszugriff, die Ermächtigung von Jugendlichen und Eltern zum Selbstschutz und voreingestellte Datenschutzeinstellungen für Kinder und Jugendliche. Wie viel die Unterzeichnung so eines Grundsatzes jedoch wirklich hilft, bleibt natürlich fraglich.

Aber auch außerhalb von Europa gibt es zum Teil schon progressive Bemühungen, sich Cybermobbing entgegenzustellen. Die USA nehmen im Bereich der Gesetzgebung beim Cybermobbing eine Vorreiterrolle ein. Dort wird seit einigen Jahren in der öffentlichen Diskussion vermehrt bezweifelt, dass die Selbstregulierung des Internets genügt, um Privatpersonen ausreichend vor Übergriffen aus dem Internet zu schützen. Auf Bundesebene ist als Reaktion auf den tragischen Suizid von der bereits erwähnten Megan Meier im Jahr 2008 ein nach ihr benannter

Gesetzesentwurf in den Kongress eingebracht worden, der sogenannte »Megan Meier Cyberbullying Prevention Act«. Dieser Gesetzesentwurf sollte den Straftatbestand des Cyberbullyings enthalten. Jeder, der mit einer anderen Person in der Absicht kommuniziert diese zu nötigen, einzuschüchtern und zu belästigen, hätte sich somit strafbar gemacht. Dieser Gesetzesentwurf wurde auch lange im Kongress diskutiert, aber letztendlich dann doch nicht verabschiedet. Der Hauptgrund dafür war, dass ein solches Gesetz in die im ersten Verfassungszusatz der Verfassung garantierte Meinungsfreiheit – »freedom of speech« – eingegriffen hätte, die den Amerikanern sehr wichtig ist. Trotzdem sind auf der Ebene der amerikanischen Bundesstaaten in den letzten Jahren zahlreiche Gesetze verabschiedet und Richtlinien erlassen worden, die sich mit dem Thema Cybermobbing beschäftigen – hauptsächlich auch, weil Cybermobbing in Amerika ein sehr präsentes Thema ist.

Aber auch in Fernost ist Cybermobbing etwas, was die Bevölkerung trifft und beschäftigt. In Südkorea gab es nach einer starken Zunahme der Cybermobbingkriminalität im Jahr 2007 auf 200.000 registrierte Fälle (die Zahl muss man sich einmal bewusst machen) und dem Suizid der neununddreißigjährigen Südkoreanerin Choi Jin-sil die Erlassung des nach ihr benannten Choi-Jin-sil-Gesetzes. Durch dieses wurde ein sogenanntes Internet-Realnamen-System normiert, wonach sich die Nutzer lokaler Werbeportale mit mehr als 100.000 Aufrufen pro Tag nur dann auf diesen Portalen einloggen und Inhalte veröffentlichen können, wenn sie sich mit ihrem richtigen Namen anmelden und ihre Einwohnermeldenummer abgeben. Eine Internetpolizei wacht über die Einhaltung dieser Regelung. Eine wahnsinnig gute und zeitgemäße Idee – quasi eine Art Klarnamenpflicht.

So viel also zur deutschen und ein wenig zur internationalen Rechtslage. Das Problem ist: So richtig blickt zumindest in der deutschen Gesetzeslage kaum jemand durch, der nicht Jura studiert hat. Es bedarf schon eines wirklich starken persönlichen Interesses, sich diesem Thema zu widmen und nachzusehen, welche Paragrafen da wann greifen. Zwar informiert die Polizeiberatungsstelle über den jeweiligen Strafbestand, aber das hilft einem erst einmal auch nicht weiter. Okay, das ist halt der aktuelle Stand. Und jetzt?

Ich finde es schade und längst überfällig, dass es in Deutschland kein klar definiertes Gesetz gegen Cybermobbing gibt. Ich glaube, es ist nicht nur der rechtlich wenig transparente Umgang mit diesem Thema, der schwierig ist. Denn ein solcher Prozess ist aufwendig zu führen, und die Anwälte und Richter müssen sich aller möglichen Paragrafen bedienen, um (sich) ein Urteil bilden zu können. Diese Unklarheit führt dazu, dass potenzielle Täter sich in Sicherheit wiegen und Opfer gleichzeitig das Gefühl haben, dass ihr Thema, ihr Anliegen im deutschen Rechtstaat keinen Platz hat. Sie werden also wie Luft behandelt.

Ich frage mich, wie es sein kann, das Betroffene im Netz gemobbt werden, quasi gedemütigt am Boden liegen und sich dann selbst noch um die Durchsetzung ihrer Rechte kümmern müssen. Das ist doch absurd. Natürlich sind Anlaufstellen wie »HateAid«, die juristischen Beistand leisten, richtig und wichtig, aber es ist doch eigentlich ein Armutszeugnis, dass die Gesetzlage in Deutschland hier nicht eindeutig ist.

Cheyenne und ich haben zusammengehalten, wir haben Strategien besprochen, sie rief mich an, und wir waren von Anfang an bereit, einen Kampf zu führen. Aber was, wenn nicht? Was, wenn ein Opfer von Cybermobbing aus einem wenig kommunikativen, wenig hilfsbereiten Elternhaus kommt und dort auch niemanden findet, der es in diesen Notzeiten unterstützt? Nun müsste doch zumindest der Rechtsstaat sagen: Hier geschieht ein Unrecht, hier wird ein Heranwachsender angegriffen. Aber dem ist nicht so. Wie Frau von Hodenberg es ja bereits sagte, kommen im Zweifel gewaltige Kosten auf einen zu. Und bis zu diesem Punkt muss ja auch erst mal einiges passieren. Zunächst müssen Beweise gesichtet werden, dann muss die Polizei informiert werden. Und nachdem dann eventuell einer Anklage stattgegeben wurde, müssen noch die passenden Paragrafen gesucht werden, während das potenzielle Opfer vielleicht ja bereits von einem Zweit- oder Drittaccount des anzuklagenden Täters weiter beleidigt wird. Vielleicht mit einer nächtlichen Instagram-Nachricht, in der ein blutiges Messer abgebildet wurde, mit der Bildunterschrift »Das ist für die Anzeige«. Einfach eine schreckliche Vorstellung.

Wie kann ich mich rechtlich wehren?

Wie bereits festgestellt, sind bei drastischen Fällen von Cybermobbing die Strafverfolgungsbehörden zunächst nicht die richtigen Ansprechpartner. Das Strafrecht bietet gewissermaßen den Aufhänger für die folgenden zivilrechtlichen Schritte.

Angenommen, Sie als Leser oder Leserin oder jemand aus Ihrem Bekannten-/Freundeskreis ist von Cybermobbing betroffen. Wie schon mehrfach angesprochen, ist es unglaublich wichtig, sich zunächst einer Vertrauensperson zu öffnen. Auch weil dann ein potenzieller Zeuge mit im Boot ist. Versuchen Sie hier, über Ihren Schatten zu springen, und auch wenn die Nachricht persönlich ist und vielleicht sogar von einer Person kommt, die Sie aus einem privaten Umfeld kennen (und vielleicht sogar schätzen!), sollten Sie sich unbedingt bewusst machen, dass hier ein möglicher Strafbestand vorliegt.

Schützen Sie keinen Täter, indem Sie Cybermobbingattacken über sich ergehen lassen und immer wiederkehrende Nachrichten ignorieren. Denken Sie daran, dass es neben Ihnen vielleicht noch andere hilflose Opfer gibt. Vielleicht jemand, der nicht so gefestigt ist und im Leben steht wie Sie.

Wenn Sie Opfer virtueller Attacken sind, geht es manchmal gar nicht um Sie. Das klingt jetzt vielleicht seltsam, aber Sie sind als Opfer vermutlich ersetzbar. Sind also nicht *Sie* gerade zufällig Ziel von einer Attacke, dann ist es eben jemand anderes. Und jetzt heißt es weiterdenken: Zu Anfang dieses Buches ging es ja auch um die Folgen von Cybermobbing. Um junge Menschen, die sich aufgrund von Cybermobbing das Leben genommen haben und sich und ihr Umfeld in ein großes Unglück gestürzt haben. Stellen Sie sich also vor, Sie wären jetzt nicht Sie selbst, sondern ein unsicherer Mensch, der sich die Nachrichten zu Herzen nimmt und vielleicht auch noch versucht, in einen progressiven Dialog zu treten. Der Mobber wird zu dieser Person genauso fies sein wie zu Ihnen, nur dass die andere Person vielleicht daran zerbricht. Bringen Sie Ihren Fall, der Sie – seien wir ehrlich – vielleicht nicht wirklich beschäftigt, *nicht* zur Anzeige, geben Sie dem Cybermobber die Möglichkeit, von Ihnen abzulassen und sich das nächste Opfer zu suchen.

Es geht also auch darum, andere zu schützen und Täter zu stoppen, bevor diese Menschen jemanden gefunden haben, der an ihren Attacken zugrunde geht. Selbst wenn Ihnen Attacken und Nachrichten eines anonymen Accounts egal sind: Lassen Sie nicht zu, dass andere Opfer werden. Natürlich müssen Sie im Endeffekt immer selbst entscheiden, ob und wann Sie etwas zur Anzeige bringen, aber manchmal ist es auch einfach nötig, anderen Grenzen aufzuzeigen – im echten wie im digitalen Leben – für alle anderen potenziellen Betroffenen.

Hier denke ich an die Szene, als Cheyenne und ich an Silvester im Kaufhaus des Westens in Berlin waren. Hätten wir uns nicht gewehrt und uns gemeinsam vor Cheyenne gestellt, wäre die Außenwirkung fatal gewesen. Die Frau wäre selbstzufrieden nach Hause gegangen, ohne irgendein Unrechtsbewusstsein, und hätte keinen Gedanken an ihre Tat verschwendet. Und ihre Kinder hätten natürlich auch – bewusst oder unbewusst – gemerkt, dass es anscheinend möglich ist, so durch die Welt zu spazieren, dass Menschen Freiwild sind und über sie geurteilt werden kann, als wären sie gar nicht da.

Es ist wichtig, hier auch einmal an die Zukunft zu denken. Wollen wir wirklich in einer Welt leben, in der sich der soziale Zusammenhalt in eine solche Richtung entwickelt? Allein um den gesellschaftlichen Kurs im Miteinander mitzugestalten, sollte man aktiv dafür sorgen, dass Täter verfolgt und verurteilt werden – gerade und vor allem online, da es hier wenig Möglichkeiten gibt, sich von Angesicht zu Angesicht gegenüberzustehen. Aber genau dazu müssten potenzielle Täter gezwungen werden – in die direkte Konfrontation und wenn nicht mit einer oder einem Opfer, dann zumindest mit dem Rechtstaat, also Polizisten, Behörden, Anwälten und Richtern. Auch, damit dem Täter klargemacht wird: bis hierhin und nicht weiter. Die ersten Nachrichten waren vielleicht noch ertragbar, aber jetzt wurde eine Grenze überschritten.

Wichtig ist, bei einer Anzeige möglichst viel Material zu sammeln. Bilder, Posts, Nachrichten, SMS, WhatsApp-Nachrichten, Sprachnachrichten … alles, was Sie von einem Angreifer haben, sollten Sie in irgendeiner Form dokumentieren. Schon bei diesem allerersten Schritt kann es sinnvoll sein, sich Verstärkung zu holen. Ein Ihnen bekannter Außenstehender kann Ihnen erst mal technisch zur Seite stehen – wenn beispielsweise unklar ist, wie Screenshots erstellt und abgespeichert werden – und hat zudem noch einen Blick von außen. Vier Augen sehen ja bekanntlich immer mehr als zwei, und vielleicht fallen Ihrem Bekannten Nachrichten auf, die Ihnen eventuell entgangen wären, einfach weil Sie den Wald vor lauter Bäumen nicht sehen. Bei Cheyenne und mir ist das zum Teil bereits so. Vor allem Cheyenne hat ein ganz anderes Empfinden, wenn es um die Härte von Beleidigungen geht, da sie eigentlich täglich mit Nachrichten konfrontiert wird, die viele andere schockieren würden. Denn ein »Warum bist du so, wie du bist?« oder »Seltsames Kleid gefällt mir nicht!« als Direktnachricht ist jetzt per se nicht beleidigend, aber zumindest übergriffig. Solche Nachrichten sind vielleicht unanständig und zeugen von keiner besonders guten Erziehung, aber sie werden von uns in aller Regel ignoriert. Aber wir sind ja leider bereits schon anderes gewöhnt …

Die Anzeige selbst erfolgt bei der Polizei, indem man den Sachverhalt persönlich vor Ort schildert oder schriftlich Strafanzeige erstattet. Mittlerweile haben sich in Deutschland auch verschiedene Modelle einer Internetwache durchgesetzt. Dies sind virtuelle Polizeidienststellen, in denen Bürger einige Eingaben online erledigen können – vornehmlich die Erstattung einer Strafanzeige. Eine enorm praktische Angelegenheit. Jeder Vorgang enthält ein Aktenzeichen und wird von der Internetwache dann an die zuständige Polizeibehörde zur Bearbeitung weitergeleitet, die sich dann mit dem Anzeigenerstatter in Verbindung setzt.

Aber warum sollte überhaupt eine Anzeige erstellt werden? Das ist relativ plausibel und einfach zu erklären: Manche Delikte werden eben nur auf einen Antrag hin verfolgt. Es gibt keinen automatisierten Rechtsprozess, der startet, sondern die Behörden müssen aktiv eingeschaltet werden. Gerade Strafbestände wie Beleidigung und üble Nachrede ziehen keine automatische Verfolgung durch die Staatsanwaltschaft nach sich, weil es (leider) Delikte sind, an denen ein eher geringes öffentliches Interesse besteht. Außerdem müssen Straftaten, die nur auf Antrag verfolgbar sind, innerhalb von drei Monaten nach Kenntnisnahme angezeigt werden.

Deshalb hier noch einmal die Bitte: Zögern Sie nicht, wenn Sie gemobbt werden und sich entschließen, dies zur Anzeige zu bringen!

Und wie steht es um die Erfolgschancen bei einer Anzeige? Hier müssen wir uns zunächst darüber im Klaren sein, dass der Einzelfall entscheidet. Eine verallgemeinernde Aussage über Erfolgsaussichten lässt sich somit nur schwer treffen. In der Regel ist es aber so, dass es bei schwerwiegenden Fällen – oder wenn die Täter bereits polizeilich bekannt sind – eher zu Verurteilungen kommt als in leichten Fällen oder bei Ersttätern. Führt die Anzeige nicht zum Erfolg, heißt das aber nicht, dass dies unbedingt in Kauf genommen werden muss. Jetzt kann es sinnvoll sein, einen Anwalt einzuschalten. Dieser mahnt in der Regel denjenigen, der Unwahrheiten verbreitet, ab und fordert eine Unterlassung. Im Zivilrecht ist das die schärfste Waffe. Trotzdem glauben Cheyenne und ich auch, dass sie nicht lange überlegen sollten, ob eine Anzeige und eine Klage Erfolg hat. Tun Sie es einfach. Denn auch wenn eine Anzeige fallen gelassen wird, sind Sie dem Angriff mit allen Mitteln des demokratischen Rechtsstaats entgegengetreten. Je mehr Menschen sich weigern, diesen Zustand des Mobbings als »normal« zu akzeptieren, umso wahrscheinlicher ist es, dass es bald neue Gesetzesentwürfe gibt. Machen Sie sich und den Rechtsstaat auf sich aufmerksam und fordern Sie Gerechtigkeit, indem sie zur Polizei und – gegebenenfalls auch mithilfe von Organisationen wie »HateAid« – zu einem Anwalt gehen! Versuchen Sie auch, sich von dem Gedanken zu entfernen, so ein Verfahren wäre zu kompliziert und würde »eh nichts bringen«. Selbst wenn es juristisch keinen Erfolg hat, so hat eine Anzeige immer einen persönlichen Erfolg. Man hat sich gewehrt, ist für sein Recht eingestanden.

Es sollte nicht vergessen werden, dass in Deutschland das Prinzip der »richterlichen Überzeugung« gilt. Sie haben also die Möglichkeit, einen Richter davon zu überzeugen, dass Anfeindungen genau so stattgefunden haben. Sammeln Sie also E-Mails, Screenshots und jedes Material, das Sie haben, um ein vollständiges und in sich stimmiges Bild abzuliefern.

Dass es durchaus erfolgreich sein kann, vor Gericht zu ziehen, zeigt ein Urteil des Landgerichts Memmingen von 2015. Und es zeigt, dass auch Kinder, die gegenüber Mitschülern Cybermobbing betreiben, mit erheblichen Konsequenzen rechnen müssen. Ein zwölfjähriger Gymnasiast errichtete damals unter dem Namen eines Mitschülers ein Fake-Profil, das den anderen denunzierte. Er postete unter diesem Fake-Namen Unwahrheiten, wie beispielsweise, dass der Junge kleine Kinder vergewaltigen würde, und schrieb bedrohliche und beleidigende E-Mails. Außerdem wurde der Mitschüler auf Facebook öffentlich als »Fat Opfer« beschimpft. Das Landgericht Memmingen verurteilte den Schüler schließlich zu einer Zahlung von 1500 Euro Schmerzensgeld. Die Richter stellten bei der Urteilsverkündung klar, dass der betroffene Mitschüler durch diese Äußerungen in schwerer Weise in seinem allgemeinen Persönlichkeitsrecht verletzt worden sei. Diese Äußerungen zielten ganz bewusst auf eine seelische Kränkung des Opfers ab und konnten daher nicht als jugendtypische Äußerungen angesehen werden. Dem Jungen war klar, was er tat, urteilten die Richter. Die Bezeichnung als »Fat Opfer« war vor allem deshalb verletzend, weil der gemobbte Schüler unter starkem Übergewicht litt.

Das Gericht hatte festgestellt, dass der Junge trotz seines Alters von zwölf Jahren völlig deliktsfähig war.

Dieses Urteil aus der Vergangenheit ist zu begrüßen, weil es zeigt, dass Opfer von Cybermobbing besonders schutzbedürftig sind. Eltern von solchen Tätern müssen verstehen, dass die Minderjährigkeit ihrer Kinder kein Freibrief für schwerwiegende Rechtsverletzungen sein kann. Das gilt gerade auch dann, wenn der Mitschüler – etwa aufgrund seines äußeren Erscheinungsbildes, seines Namens oder anderer Umstände wie Stottern etc. – schnell zum Mobbingopfer werden kann – mit entsetzlichen Folgen für sein weiteres Leben.

Gerade deshalb muss präventiv vorgegangen werden, und Jugendliche sollten auch im Unterricht gelehrt bekommen, dass das von ihnen betriebene Cybermobbing nicht bloß einfach nur ein bisschen »Ärgern« ist. Die Dimensionen und Folgen sind gewaltiger – das muss unbedingt weitergegeben werden.

Ein weiterer Fall spielte sich in Klagenfurt ab. Hier wurde 2015 ein fünfzehnjähriges Mädchen zu einer Haftstrafe verurteilt. Die Schülerin hatte einen Mitschüler über mehrere Monate lang immer wieder auf sozialen Netzwerken massiv beschimpft und bedroht. Öffentlich rief sie dann noch dazu auf, den Schüler zu verprügeln – was auch geschah. Die Schülerin kam daraufhin in Untersuchungshaft und wurde zwei Monate später wegen gefährlicher Drohung zu drei Monaten bedingter Haft verurteilt. Kurz nach dieser Verurteilung bot sie zum wiederholten Mal Schlägern aus dem Internet Geld für Attacken gegen das Opfer.

Das muss man sich einmal vor Augen führen. Schließlich wurde sie zu neun Monaten Haft verurteilt.

Sicher sind das Extrembeispiele, aber es ist nötig, Sie zu benennen, denn es ist ein gutes und auch starkes Zeichen, dass hier etwas passiert und es wirklich zu Strafen kommt, die sitzen.

Wie bereits am Anfang dieses Kapitels beschrieben, ist es als Betroffener oder Betroffene von Mobbing sehr wichtig, schnell zu handeln und sich nicht allzu viel Zeit zu lassen. Ein Gerichtsurteil des Landesarbeitsgerichts Nürnberg ist hier beispielhaft: In diesem Fall hatte ein Angestellter geklagt, weil er sich gemobbt fühlte. Wegen eines chronischen Überlastungssyndroms und Depressionen war er dreimal krankgeschrieben gewesen – jeweils über mehrere Monate in den Jahren 2007 und 2008. Der Arbeitgeber kündigte das Arbeitsverhältnis bis zum Februar 2010. Zwar erhob der frühere Mitarbeiter im Dezember 2010 eine Schmerzensgeldklage wegen Mobbings – blieb aber erfolglos. Die Richter urteilten, dass sein Anspruch verwirkt sei. Das Mobbing hatte sich nach Aussage des ehemaligen Angestellten über die Jahre 2006 bis 2008 erstreckt, aber erst rund zwei Jahre später habe er seinen Schmerzensgeldanspruch geltend gemacht – zu spät, urteilten die Richter.

Schnell und pragmatisch handeln, das muss also die Marschrichtung sein. Bloß keine falsche Scheu und bloß kein »Was wäre wenn?«-Gedankenkarussell, welches dazu führt, dass als Betroffene oder Betroffener lange abgewägt wird, ob oder wie man jetzt Strafanzeige erstattet oder einen Anwalt einschaltet. Um es verkürzt auszudrücken: Zögern Sie nicht, erstatten Sie Anzeige!

Aber auch wenn man sich schließlich zu einer Anzeige durchgerungen hat: Das deutsche Recht hinkt beim Thema Cybermobbing, auch im bereits angeführten Vergleich mit anderen

Ländern, ziemlich hinterher. Ein Modell wie in Österreich wäre wünschenswert. Cybermobbing sollte unbedingt ein Straftatbestand im deutschen Recht werden, denn es ist ein relativ neues Phänomen und die Täter fühlen sich sicher – eben, weil sie zum Teil ja auch genau wissen, dass sie für »Cybermobbing« nicht direkt bestraft werden können, sondern nur für beispielsweise Beleidigung und Nötigung. Trotzdem zeigen Gerichtsurteile aus der Vergangenheit, dass sich ein langer Atem oft lohnt. Es ist wichtig, den Tätern, eigentlich jedem Bürger dieses Landes, klarzumachen, dass das Internet eben nicht der rechtsfreie Raum ist, nach dem er sich oft anfühlt.

ZUSAMMENFASSUNG: GESETZESLAGE BEI CYBERMOBBING

- Die Täter machen sich in der Regel strafbar.

- In Deutschland ist Cybermobbing kein eigener Straftatbestand, es gibt aber verschiedene Straftatbestände, die ein Teil von Cybermobbing sind.

- Bei einer Anzeige sollte möglichst viel Material gesammelt werden: Bilder, Posts, Nachrichten usw.

- Als Betroffener sollten Sie schnell handeln und wenig Zeit verlieren.

- Mehr Informationen gibt es unter: www.polizei-beratung.de.

DIE NETZWERKE IM FOKUS: FACEBOOK, YOUTUBE, INSTAGRAM

Natascha Ochsenknecht

Wenn es um das Thema Mobbing und/oder Cybermobbing geht, gibt es verschiedene Wege, dem zu begegnen, und viele Antworten auf Fragen waren bisher eingeleitet mit: Die Eltern müssen sich kümmern, die Lehrer müssen sich kümmern … Aber es hilft auch manchmal, die Perspektive zu wechseln. Werfen wir einen Blick auf die Netzwerke und Plattformen, gehören die natürlich zur Verantwortung gezogen. Ich bin der Meinung, auf einer Plattform wie Instagram sollte es verpflichtend sein, sich mit seinem echten Namen und mit einem echten Profilbild anzumelden. Eine Registrierung sollte eventuell noch eine Personalausweisnummer oder Ähnliches fordern, sodass klar ist: Dieser Account gehört ganz klar Max Mustermann, wohnhaft in Berlin. Mit Klarnamen und mit Bild. Und dann eben Verwarnungen einführen. Wird gegen die Regeln der Plattform verstoßen, droht eine Verwarnung. Nach drei Verwarnung ist man für ein Jahr gesperrt, wie zu Anfang des Kapitels »Wie kann ich mich wehren und vorbeugen?« schon kurz vorgestellt. So etwas halte ich für einen guten Gedanken. Es ist wichtig, denjenigen, die sich auf solchen Plattformen anzumelden, zu zeigen: Das hier ist ein Abbild eures analogen Selbsts. Es ist kein rechtsfreier Raum. Hier gelten dieselben Regeln wie in der Welt da draußen. Denn was die meisten Täter tun, ist ja im Prinzip Hausfriedensbruch. Es wird der eigene Bereich verlassen und eine fremde Inbox mit verletzenden Nachrichten geflutet. Solch ein Verwarnungsprinzip und eine Klarnamenpflicht sollte es auf jeder sozialen Plattform geben.

Ich glaube, der Anteil derjenigen, die im Netz mobben, würde rapide sinken. Denn es ist eben klar, dass hinter jeder Nachricht ein echter Name und ein echter Mensch stehen, der seinen guten Ruf verlieren kann. Den Tätern muss die Anonymität genommen werden. Ich finde auch Ausreden wie »Na ja, ich habe kein Profilbild auf meinem Account, weil ich schlechte Erfahrungen gemacht habe« sollten nicht gelten. Ich bin auch dafür, sich abseits des Netzes persönlich zu begegnen – im täglichen Leben – und sich nicht hinter seinem Smartphone zu verstecken. Sieht ein Mobber seinen Täter persönlich oder ist im täglichen Leben immer im Austausch mit anderen, wird er oder sie ja automatisch empathischer. Diese Empathie, dieses Wissen um Empathie, muss auch abseits der sozialen Medien transportiert werden. Eben auch von den Plattformen selbst. Warum nicht einmal eine Werbeanzeige von Instagram, die genau dazu auffordert: zu mehr Empathie und mehr Menschlichkeit. Das wäre wirklich schön. Im Fall von Cheyenne und mir ist es auch manchmal schwierig, weil wir in der Öffentlichkeit stehen. Und viele Menschen glauben eben, es sei ihr Recht, sich ein Werturteil über jemanden zu bilden, nur weil derjenige einmal im

Fernsehen zu sehen war. Aber so ein Recht gibt es natürlich nicht. Wie bereits angesprochen, bin ich mir sicher, dass die Netzwerke selbst handeln müssen.

Soziale Netzwerke, die eher textlastig sind, wie Facebook und Twitter, sind vor allem beim Thema Hate Speech gefordert – also bei öffentlich einsehbaren Hasskommentaren. Bei Facebook arbeiten rund 2000 Menschen in Deutschland an der Überprüfung von Facebook-Inhalten. Immerhin: Rund 70 Prozent der 160.000 im Jahr 2019 gelöschten Inhalte sind nach Angaben von Facebook selbst aufgespürt worden, bevor jemand sie gemeldet hatte.

Daneben setzt Facebook verstärkt darauf, dass User verdächtige Inhalte an das Netzwerk melden.

Das Finden und Entfernen von Inhalten, die beleidigend sind oder andere diffamieren, läuft hierbei oft mit technologischer Hilfe ab. Die Menschen im Kampf gegen Hate Speech sind entscheidend (ohne dass sie für Facebook arbeiten und von dem Konzern bezahlt werden). Meist können Benutzer selbst am ehesten einordnen, was beleidigend ist und was nicht, denn Sprache ändert sich über die Jahre, und Formulierungen, die früher beleidigend waren, sind heute ein ironisch gemeintes Kompliment. Der Kampf gegen solche Art von Hate Speech kann also nicht ausschließlich in der Verantwortung der Netzwerke liegen, sondern muss aktiv von einzelnen Nutzern mitbeobachtet werden. Gerade sprachliche Feinheiten und Kontexte verstehen Menschen besser, als ein Algorithmus das tut. Das klingt jetzt vielleicht noch etwas abstrakt und theoretisch, hier ein Beispiel zur Verständigung:

Angenommen, ich war in einer Fernsehshow zu Gast. Einer Spielshow. In der Spielshow fühlte ich mich unwohl. Das Konzept war irgendwie seltsam, ich fühlte mich ein wenig vom Moderator veräppelt und hatte mir das eigentlich ganz anders vorgestellt. Also poste ich einen langen satirischen Beitrag bei Facebook, in dem ich mich ironisch über den Moderator auslasse. Das ist nicht unbedingt Hate Speech oder beleidigend. Hier muss man unterscheiden, und das kann ein Algorithmus nicht, weil der Kontext, *mein* Kontext, dass ich also Gast einer Show war und mich nicht wohlgefühlt habe, nicht direkt ersichtlich ist. Der Ansatz von Facebook, einerseits auf die Mitbestimmung der registrierten Nutzer zu zählen und andererseits Mitarbeiter zu beschäftigen, ist sicher nicht verkehrt, aber auch hier gibt es ein Problem. Und dieses Problem ist auch relativ offensichtlich, aber eben sehr schwer zu lösen. Denn nur, weil etwas in Deutschland als beleidigend wahrgenommen wird und geblockt wird, muss dies nicht für Österreich gelten – oder für Italien oder für ein anderes meinetwegen außereuropäisches Land. Die Durchsetzung einer weltweiten Löschung für einzelne Wörter oder Beiträge ist auch in Zukunft ziemlich unwahrscheinlich. Zwar stellt es der Europäische Gerichtshof nationalen Gerichten rein rechtlich frei, darüber zu entscheiden, Inhalte auch weltweit zu verbieten, aber ob das durchsetzbar ist?

Nichtsdestotrotz: Im ersten Quartal 2020 entfernte Facebook weltweit rund zehn Millionen Inhalte der Kategorie Hate Speech. Diese erhöhte Anzahl der gelöschten Posts und Kommentare ist nach Angaben von Facebook auf die Verbesserung der hauseigenen Erkennungstechnologie zurückzuführen – und wenn beleidigende und menschenverachtende Kommentare gelöscht werden, also irgendetwas Positives in diese Richtung passiert, ist es auch nicht wichtig, ob eine Erkennungssoftware oder ein Mensch den Kommentar gefunden bzw. gemeldet hat. Entscheidend ist, dass der Kommentar verschwindet, damit besonders auch jüngere Internetnutzer sich wieder einigermaßen sicher auf sozialen Netzwerken fühlen können. Die Message muss lauten: Seht her, es werden auf dieser Plattform aktiv Inhalte gelöscht.

Neben Facebook haben auch andere soziale Netzwerke oder Plattformen eigene Strategien im Umgang mit Hate Speech entwickelt. So setzt YouTube vor allem auf die Zusammenarbeit innerhalb der Community. Jeder, der bei YouTube Videos hochlädt, hat mit relativ wenigen Klicks die Möglichkeit, die Kommentare unter den eigenen Videos selbst zu moderieren, zu löschen oder die Kommentarfunktion ganz abzustellen. Wird ein Kommentar gemeldet, wird dies zu Mitarbeitern von YouTube geschickt, die die gemeldeten Inhalte prüfen und eventuell löschen. So wurden im vierten Quartal 2019 über 200.000 Videos wegen Inhalten wie Hass, Missbrauch, Extremismus, Gewaltverherrlichung oder Mobbing gelöscht. 200.000! Das ist schon eine ganze Menge, und es ist auch relativ schwer, bei YouTube Videos zu finden, die Gewalt oder gewaltverherrlichende Taten zeigen. Bei Grenzfällen geht YouTube einen Weg der Mitte. Wenn nicht ganz klar ist, ob ein Video gewaltverherrlichend oder extremistisch ist, behält die Plattform sich vor, die Videos abspielbar zu lassen. Allerdings werden diese Videos nicht weiterverbreitet. Das heißt also, ein Video, das einen Grenzfall darstellt, wird nicht mehr als YouTube-Vorschlag angezeigt. Die Kommentar- sowie Like-Funktion wird ausgeschlossen – ebenso wie die Monetisierung –, die Video-Uploader verdienen also kein Geld mit den Inhalten.

Allerdings sind diese ganzen Bemühungen auch mit Vorsicht zu genießen. Denn es wirkt zwar so, als seien die Betreiber mit vollem Engagement bei der Sache, aber jeder, der ein wenig bei Facebook und YouTube unterwegs ist, weiß, dass in den Kommentarspalten immer noch viel Hass und Hetze vorherrscht. Mal etwas weniger, mal etwas mehr, aber frei von solchen Kommentaren sind die Plattformen nicht. In der Regel muss man sich selbst darum kümmern, dass die eigenen veröffentlichten Inhalte, egal auf welcher Plattform, nicht mit fiesen oder beleidigenden Inhalten kommentiert werden.

Nina Lüders von der Anti-Hate-Speech-Initiative »#Ichbinhier« (www.ichbinhier.eu) sagte hierzu in einem Interview mit dem Bayerischen Rundfunk, dass die Anbieter sozialer Netzwerke nicht genug gegen Hass auf ihren Plattformen tun würden. Gerade bei Facebook sei es immer noch schwierig, potenzielle Hate-Speech-Kommentare zu melden und damit entfernen zu lassen. Wer nämlich auf Facebook einen Hasskommentar melden will, muss zuerst ein relativ schwieriges Verfahren durchlaufen und im Anschluss verschiedene Formulare ausfüllen. Erst dann ist Facebook auch rechtlich dazu verpflichtet, die gemeldeten Inhalte zu prüfen.

Ein großes Problem – genau wie bei Instagram – sind aber eben auch Fake-Profile, die von einzelnen unbekannten Nutzern schnell und unkompliziert erstellt werden, um andere bloßzustellen. Erschwerend kommt hinzu, dass wir ja nur über Fälle von Kommentaren und Hass-Nachrichten lesen, die öffentlich einsehbar sind. Aber es gibt eben auch viele geschlossene Facebook-Gruppen oder geheime WhatsApp- oder Messenger-Gruppen, die zumindest vonseiten anderer Benutzer nicht geprüft werden können. In diesen kleinen, manchmal hochexplosiven Gruppen radikalisieren sich einzelne Nutzer, und es gibt niemanden, der ihnen Einhalt gebietet – wie auch?

So viel zum Thema Prävention und Hate Speech auf Facebook und YouTube. Wie sieht es aber auf Instagram aus, also der

Plattform, auf der ja auch Cheyenne und ich mit am aktivsten sind? Hier muss man natürlich unterscheiden zwischen dem Bild, welches das Unternehmen nach außen trägt, und dem Bild, das am ehesten realistisch erscheint.

Von Unternehmerseite aus hieß es in einer Pressemitteilung vor einigen Jahren:

»Auf Instagram gibt es keinen Platz für Mobbing.« Eine einfache, ziemlich schöne und erstrebenswerte Aussage, aber mal ganz ehrlich: Das klingt ja fast zu gut, um wahr zu sein. Und tatsächlich klagen vermehrt Jugendliche über Mobbing bei Instagram.

Nach der Zeitung »The Atlantic« nutzen in den USA 72 Prozent aller Teenager Instagram. 59 Prozent von ihnen gaben laut einer Studie des »Pew Research Centers« an, online gemobbt zu werden. In Deutschland gibt es hierzu keine vergleichbaren Studien.

Allerdings beschrieb der Betreiber des Social-Media-Watchblogs, Martin Fehrensen, in einem Interview mit dem Deutschlandfunk, dass Instagram sich schon eine lange Zeit als Wohlfühloase innerhalb des Internets inszenieren würde, diese Inszenierung aber nicht wirklich viel mit der Realität zu tun habe.

Aus meiner eigenen Erfahrung kann ich sagen, dass Instagram eine Zeit lang tatsächlich ein relativ nettes soziales Netzwerk war, in der »süße« Filter und Herzchen-Emojis vorherrschten. Aber um ehrlich zu sein, glaube ich, dass diese Zeit vorbei ist, und vor allem Cheyennes Erfahrungen zeigen, dass die heile, bunte Instagram-Welt eher eine Scheinwelt ist. Im Laufe der letzten Jahre hat die Plattform allerdings das Problem von Cybermobbing anerkannt und 2019 zwei neue Funktionen getestet, die dabei helfen sollten, Mobbing einzuschränken.

Die erste Möglichkeit basiert auf künstlicher Intelligenz und ist eigentlich sehr klug und progressiv. Instagram will anstößige Kommentare identifizieren und die Verfasser darüber informieren, dass ihr Textentwurf möglicherweise beleidigend ist. Die Nutzer werden von der Plattform selbst (nachdem sie den Kommentar schon abgeschickt haben) gefragt, ob sie diesen Beitrag wirklich so veröffentlichen wollen oder ihn noch über die Option »rückgängig machen« löschen möchten.

Sowohl Cheyenne wie auch ich halten das für eine richtig gute Idee. Denn so kommt quasi jemand von außen – auch wenn es Instagram selbst ist – und fragt einfach mal nach: »Hey, bist du sicher, dass du das so posten willst?« Man wird sozusagen wachgerüttelt. Ich meine, jeder kennt die Handlung im Affekt oder aus Wut. Dieses Tool ist quasi Hilfe zur Selbsthilfe und bringt einen dazu, noch mal nachzudenken, ob man das wirklich schreiben will, was eventuell in einer schlechten Stimmung schnell runtergetippt wurde.

Die zweite Maßnahme, die Instagram getestet hat, ist auch nicht verkehrt. Hierbei geht es um den Schutz des eigenen Kontos vor unerwünschten Interaktionen. Eine Option erlaubt es Instagram-Nutzern, die Interaktion eines anderen Benutzers einzuschränken, ohne dass diese Einschränkung auffällt. Konkret bedeutet das: Ich kann dafür sorgen, dass Kommentare von manchen Nutzern für mich nicht mehr sichtbar sind. Die andere Person merkt davon allerdings nichts. Die Personen, die eingeschränkt wurden, können auch nicht sehen, wann der Nutzer bei Instagram aktiv ist, oder ob und wann verschickte Nachrichten gelesen werden. Trotzdem ist dies keine Blockierung, sondern eben nur eine Einschränkung. Das Einschränken der Kommentarfunktion bei Instagram oder das Blockieren eines einzelnen Users ist manchmal auch Zeichen der Kapitulation. Diese Option, also die Einschränkung von Interaktion, sorgt dafür, dass das Gegenüber sich der Einschränkung nicht bewusst ist. Allerdings liefen beide Features bisher nur testweise an und sind bis heute noch nicht bei Instagram verfügbar. Sehr schade eigentlich, denn beide Optionen sind sinnvoll und würden sicherlich dafür sorgen, dass es weniger Hass und beleidigende Kommentare auf der Plattform gibt – oder Mobber eben ins Leere laufen, weil ihre Kommentare und Nachrichten niemanden mehr erreichen und das bleiben, was sie sind: unnötiger Mist.

DIGITALE ZEITBOMBE VS. PRÄVENTIVE PILOTPROJEKTE – ÜBER DIE ZUKUNFT VON CYBERMOBBING

Natascha Ochsenknecht

Vielleicht ist es jetzt an der richtigen Zeit, über die Zukunft zu sprechen. Und zwar über die Zukunft von Cybermobbing. Das mag jetzt vielleicht seltsam klingen, aber es ist sowohl Cheyenne als auch mir ein Anliegen, darüber nachzudenken, wie es mit diesem Thema, das uns beide schon lange begleitet, eigentlich weitergeht.

Gern möchten wir hier also einen Ausblick wagen: Zunächst lässt sich unabdingbar feststellen, dass Cybermobbing sich international wie auch in Deutschland zu einem ernsthaften Problem mit noch nicht absehbaren Folgen für die Gesellschaft entwickelt. In einer länderübergreifenden Studie ließ ein Versicherungskonzern vor vier Jahren das Thema Cybermobbing von Experten aus Großbritannien, Italien, den Niederlanden, Norwegen, Polen, Spanien und den USA untersuchen. Ein besonderes Augenmerk lag dabei nicht nur auf einer Art Bestandsaufnahme und der Rolle von Tätern und Opfern, sondern auf der Einschätzung der zukünftigen Entwicklung. Hier stellten die Experten fest, dass dem Thema Cybermobbing relativ wenig Beachtung geschenkt wird und zu wenig für die Bekämpfung und Prävention getan wird. Eine Einschätzung, die Cheyenne und ich zu 100 Prozent teilen.

Allein die Tatsache, dass ein kleiner Medienrummel entstand, weil es damals von mir ein Instagram-Video gab, in dem ich lauter wurde und Cheyenne mit den veröffentlichten Screenshots das Thema anprangerte, zeigt doch, dass hier unbedingter Handlungsbedarf besteht. Dieses Thema ist so groß und wichtig, dass auf diesem Gebiet viel mehr getan werden muss.

Cybermobbing wächst in allen Bereichen. So werden die Opfer von Cybermobbing immer jünger, auch da vermehrt Kinder und Jugendliche ohne Aufsicht der Eltern mobil im Internet unterwegs sind, auf der anderen Seite sind auch vermehrt Erwachsene davon betroffen und wissen nicht so richtig damit umzugehen.

Es gibt weder in Schulen noch in den Familien Maßnahmen, die ausreichen, diesem Problem etwas entgegenzusetzen – auch Politik und Arbeitgeber sind hilflos. Betrachten wir Cybermobbing im Laufe der Zeit, wird schnell klar, dass Persönlichkeitsrechte hemmungsloser und vor allem systematischer verletzt werden. Dadurch dass wir durch Smartphones ständig online und verfügbar sind, sinkt die Hemmschwelle der Täter. Eine beleidigende Nachricht zu schreiben, die unter die Gürtellinie geht – das ist in wenigen Sekunden erledigt. Die Attacken werden schnell gepostet und aufseiten der Täter oft genauso schnell vergessen.

Erinnern Sie sich an das Beispiel, wie viel komplizierter es wäre, das Ganze mit Papier und Stift zu erledigen? Ähnlich wie bei der vorgestellten Präventionsmaßnahme von Instagram, die den Nutzer noch einmal fragte, ob er wirklich eine Nachricht mit potenziellen Schimpfwörtern posten wolle, würde sich der Täter beim Schreiben mit seinem Gewissen konfrontiert sehen. Durch den Einsatz von Handys und mobilen Daten ist aber eine Beleidigung schnell abgeschickt. Beim Warten auf den Bus, im Einkaufszentrum. Eigentlich von überall aus – jederzeit!

Gerade Kinder und Jugendliche sind von Cybermobbing heftig und regelmäßig betroffen. So ist jeder vierte Schüler in Deutschland bereits Opfer mindestens einer Cybermobbingattacke geworden. Und während die Attacken immer weiter zunehmen, hinken die Lehrkräfte hinterher und sehen sich dem Ganzen gegenüber hilflos ausgeliefert. So fühlen sich gerade junge Täter sehr sicher, da es niemanden gibt, der weiß, was sie dort eigentlich anstellen.

Blicken wir auf die Entwicklungen im letzten Jahr, lässt sich feststellen, dass in sozialen Netzwerken immer mehr Menschen weniger von sich preisgeben. Die meisten Menschen weichen in die private Kommunikation mit Messenger-Diensten aus. Aber das muss nicht unbedingt positiv sein, denn hier sind potenzielle Täter unter sich und haben kein Regulativ. Verlassen sie dann ihre privaten Gruppen, haben sie kein Gefühl mehr dafür, was verletzend ist und was nicht – einfach, weil sie es gewohnt waren, still und heimlich zu interagieren. Problematisch ist hinsichtlich der Entwicklung von Cybermobbing auch, dass es immer leichter wird, an private Fotos zu kommen und diese »kreativ« umzugestalten und beispielsweise mit Texten zu versehen.

Auch das Cybermobbing unter Erwachsenen nimmt nachweislich zu. Experten schätzen, dass die durch Cybermobbing anfallenden Krankheitsfolgekosten in Deutschland bei bis zu drei Milliarden Euro pro Jahr liegen – mit steigender Tendenz. Ein wachsendes Bewusstsein der Arbeitgeber oder anderer Institutionen für die Problematik sei bisher kaum zu beobachten.

Allerdings gibt es auch einige positive Entwicklungen. So sieht eine neue EU-Richtlinie vor, dass das Zugangsalter für die Nutzung sozialer Netzwerke auf sechzehn Jahre angehoben wird. So können Kinder einfach zunächst ausgeschlossen werden. Die EU-Datenschutzregel trat 2018 in Kraft. Die Idee ist sicher richtig und gut, aber ist das Anheben des Alters wirklich eine Lösung? Oder finden die Attacken dann einfach verstärkt im echten Leben statt?

Wie man es auch dreht und wendet, das Thema ist schwierig und die Frage nach einem richtigen Umgang mit diesen bedeutungsschweren Begriffen »Mobbing« und »Cybermobbing« ist gerechtfertigt.

Cheyenne und ich sind der Überzeugung, dass es wirklich das Allerwichtigste ist, präventiv dagegen vorzugehen. Natürlich kann man einem Jugendlichen verbieten, sich nicht auf einem sozialen Netzwerk anzumelden, aber ein Jugendlicher, der mit fünfzehn Jahren keinen Instagram-Account haben darf, wird es in seiner Schulclique relativ schwer haben. Es ist leider eine erziehungstechnische Gratwanderung. Was ist also zu tun? Wichtig ist es, ein Auge auf sein Kind zu haben und nachzuhorchen, wenn etwas seltsam oder problematisch erscheint. Mit eine der größten Herausforderungen ist es auch zu akzeptieren, dass Cybermobbing eben nun mal da ist und wir uns damit auseinandersetzen müssen. Und zwar gemeinsam. Es ist völlig kontraproduktiv, sich diesem Thema zu versperren oder so zu tun, als wäre das eben nur so eine Lappalie oder etwas komplett Harmloses. Zudem müssen Eltern sich unbedingt digital weiterbilden. Wer sich offensiv weigert zu erfahren, auf welchen sozialen Netzwerken die eigenen Kinder unterwegs sind, scheint kein wirkliches Interesse an seinen Kindern zu haben.

Denn man kann von sozialen Netzwerken wie Facebook und Instagram halten, was man will, aber in der Lebensrealität einer kommenden Generation sind diese Dinge extrem wichtig und sollten auch von Eltern so wahrgenommen werden. Das heißt jetzt nicht, dass Eltern die Onlineaktivitäten ihrer Heranwachsenden heimlich mit einer App kontrollieren und nachverfolgen müssen, auf welchen Webseiten die eigenen Kinder unterwegs sind – aber seinem Kind das Gefühl zu geben, man wisse schon, was Instagram und vielleicht auch Snapchat ist, das kann ja nicht zu viel verlangt sein, oder? Und wenn man sich auskennt, kann man auch mit Auffälligkeiten und unangenehmen Themen besser umgehen und fühlt sich nicht komplett überfordert.

Bei all der Schwere, die jetzt vielleicht mitschwingt, muss aber natürlich auch einmal hervorgehoben werden, dass es natürlich eine Menge guter, wichtige Projekte und Initiativen gibt, die zum einen Cybermobbing den Kampf angesagt haben und die meistens auch von jungen Heranwachsenden ausgehen.

So haben drei Schüler eines Berliner Gymnasiums im letzten Jahr eine Anti-Mobbing-App fürs Handy entwickelt, mit der sie Opfern helfen und Täter zum Nachdenken anregen wollen. Der Ansatz zur Entwicklung ihrer App mit dem klangvollen Namen »Exclamo« (www.exclamo.org) war, dass es zwar einige Onlineforen gibt, in denen sich Schüler trauen, über Mobbingerfahrungen zu sprechen, aber bei denen nichts weiter passiert.

Mit der App hat man die Möglichkeit, einen Lehrer seines Vertrauens zunächst anonym über eine Chatfunktion anzuschreiben. Das Ziel soll sein, dass Schüler sich trauen, überhaupt etwas zu sagen. Und das kann durch die Anonymität der App gewährleistet werden. Später, wenn die Betroffenen über die App Vertrauen entwickelt haben, können sie auch persönlich mit einem Lehrer reden – aber der Erstkontakt ist zunächst anonym. Das ist schon mal eine gute Idee. Viele Lehrer, das war ja auch bei Cheyenne so, sind etwas voreingenommen. Das ist an dieser Stelle nicht wertend gemeint, das ist nur menschlich. Aber ich glaube, dass viele Schüler auch gehemmt reagieren, weil sie sich vor ihren Lehrern eben nicht trauen, etwas zu sagen, wenn sie unterdrückt werden. Man steht ja immer noch in einer Art Abhängigkeitsverhältnis zueinander. Die Lehrer vergeben Noten, und die Schüler wollen auch nicht von den Mitschülern als derjenige bekannt werden, der zum Lehrer geht, weil er oder sie allein nicht klarkommt. Für die Entwickler der App ist klar, dass es mehr Möglichkeiten geben muss, seine Sorgen zu besprechen, und vor allem solche, bei denen die Hemmschwelle nicht so hoch ist.

Eine weitere Funktion der App ist auch die Einführung eines Mobbingtagebuchs. Damit können die Schüler ihre Erfahrungen dokumentieren und diese beim Lehrerkontakt dann gezielt ansprechen. Die Aufarbeitung eines Falls kann so systematisch geschehen. Es soll außerdem die Möglichkeit geben, über einen Klick die »Nummer gegen Kummer« (www.nummergegenkummer.de) anzurufen oder, in Extremfällen, die Terminvergabestelle der Kassenärztlichen Vereinigung, bei der man Termine bei Psychotherapeuten ausmachen kann. Auch ein Mobbingselbsttest in Zusammenarbeit mit Lehrern und Psychologen ist bereits in der Entwicklung. Ich denke, das Wissen über die Existenz dieser App kann schon einmal helfen. Jugendliche haben etwas, was sie kennen – nämlich eine App –, vor sich und bedienen diese ganz intuitiv. Es ist Hilfe zur Selbsthilfe.

Anfang des Jahres gab es auch eine hoffnungsvolle Geschichte in Bayern. Eine Realschule in Berg am Laim beteiligte sich am Projekt »Digitale Helden« (www.digitale-helden.de) eines gemeinnützigen Unternehmens aus Frankfurt. Zwölf Achtklässlerinnen klärten hier jüngere Mädchen über Gefahr und Folgen von Hass und Hetze im Internet auf. Das Programm soll Cybermobbing an Schulen vorbeugen und Kinder für einen sensiblen Umgang mit der digitalen Welt schulen. In ganz Deutschland sind es etwa 2000 »Digitale Helden« an 162 Schulen. Das Programm läuft wie folgt ab: Zuerst lernen Schüler in Onlinekursen einen bewussten Umgang mit dem Smartphone sowie mit den eigenen Daten im Internet. Im Anschluss fungieren sie als Mentoren für jüngere Schüler – und somit als Ansprechpartner bei Themen wie Hass und Mobbing im Netz. Ähnlich also wie bei »juuuport« (www.juuuport.de), wo Betroffene auch Ansprechpartner sind.

Genau wie bei der »Exclamo«-App fühlen sich Jugendliche hier angesprochen. In beiden Fällen geht es darum, eine Schamgrenze zu überwinden und es Jugendlichen und Heranwachsenden möglichst einfach zu machen, sich mitzuteilen. Das ist das größte Problem und war ja auch bei Cheyennes Mobbingerfahrungen nicht ganz einfach: Es ist für junge Menschen einfach schwierig, in so einem starren System wie Schule sein eigenes Unwohlsein auszudrücken. Wenn die Lehrer mit eigenen Problemen im Kollegium beschäftigt sind, hat man als Jugendlicher nicht unbedingt das Gefühl, verstanden zu werden. Die Kommunikationsbarriere ist einfach viel zu groß. Die App oder eben auch das Projekt der »Digitalen Helden« wirkt hier wie eine Brücke. Aber seltsam ist das Ganze schon. Sicher ist es gut, dass Jugendliche eine App entwickelt haben, die helfen kann, aber ist es nicht auch eine traurige Welt, in der junge von (Cyber-)Mobbing betroffene Menschen lieber anonym mit einer App sprechen wollen, anstatt sich Lehrern direkt zu öffnen oder sich einem anderen Erwachsenen anzuvertrauen? Scheinbar steckt hier auch ein Generationenkonflikt dahinter. Es muss in Zukunft allerhöchste Priorität haben, einfach offen über dieses Thema zu sprechen und es nicht hinter vorgehaltener Hand zu tun.

Hinsichtlich der Gesetzeslage zum Thema Cybermobbing gab es in diesem Jahr eine positive Entwicklung. So beschloss der Bundestag Anfang des Jahres eine Verschärfung der Strafbarkeit bei Cybergrooming.

Wie in den ersten Kapiteln, als es um die verschiedenen Arten von Cybermobbing ging, bereits erläutert, meint Cybergrooming eine gewisse Strategie im Internet, Kontakt zu Kindern herzustellen, in dem man sich als Gleichaltriger ausgibt. Hierzu gibt es nun zwei Änderungen im Strafrecht. Fordert jemanden einen Minderjährigen im Chat zu sexuellen Handlungen auf, ist das strafbar. Ebenfalls bestraft wird, wenn ein Täter mit sexuellen Absichten online einen Erwachsenen, beispielsweise einen Ermittler, anspricht, der sich als Kind ausgibt.

Bundesfamilienministerin Franziska Giffey sagte dazu wörtlich Anfang Januar 2020 im Bundestag: »Täter lauern Kindern und Jugendlichen heute nicht mehr nur auf dem Schulweg auf, sondern immer häufiger im Internet. Social Media und Onlinespiele gehören für Kinder und Jugendliche zum Alltag. Es darf nicht sein, dass sie dort sexuellen Übergriffen, Erpressung oder Bloßstellung bei sogenanntem Sexting schutzlos ausgesetzt sind.« Minderjährige hätten Anspruch auf einen besonderen Schutz. Diese Änderung ist sehr begrüßenswert und dringend notwendig.

Auf Cybergrooming stand bei unter Vierzehnjährigen seit 2004 eine Freiheitsstrafe von drei Monaten bis zu fünf Jahren. Aber nach dem Strafgesetzbuch war der Versuch eben bislang nicht strafbar – was auch mit der Kontaktaufnahme für einen Ermittler galt. Das klingt jetzt bestimmt abstrakt, aber in der Praxis sieht das ganze eben so aus: Ein verdeckter Ermittler der Polizei gibt sich in einem Internetchat als Jugendlicher oder als Kind aus und schreibt mit einem potenziellen Täter, der eben nicht glaubt, er schreibt mit einem erwachsenen Menschen, sondern bewusst mit einem Kind. Fordert der potenzielle Täter das Kind, was ja aber ein Ermittler ist, zu einer sexuellen Handlung auf, kann hiergegen rein rechtlich nichts unternommen werden. Eigentlich paradox, da der Täter ja felsenfest davon überzeugt ist, er oder sie schreibe mit einem schutzbedürftigen Kind oder Jugendlichen …

Der Gesetzentwurf formuliert die Dringlichkeit der Gesetzesanpassung mit: »Die Gefahr für Kinder, Opfer von Cybergrooming zu werden, hat in den letzten Jahren weiter zugenommen. Die Digitalisierung schreitet voran und die Nutzung digitaler Dienste ist auch bei Kindern weit verbreitet«, heißt es dort wörtlich. Mit der Gesetzesverschärfung drohen Tätern nun auch rechtliche Konsequenzen, wenn Eltern und Ermittler als Lockvögel agieren. Das ist eine positive Entwicklung, denn es ist ja auch schon etwas seltsam: Ein potenzieller Straftäter macht sich an eine minderjährige Person im Chat heran, fragt nach sexuellen Handlungen, macht sich also strafbar, aber wenn das Gegenüber ein Mitarbeiter der Polizei ist, wird keine Tat begangen, weil der Chatpartner ja in Wahrheit erwachsen ist. Ziemlich paradox. So ist klar: Cybergrooming ist strafbar.

WEHR DICH!

Cheyenne Ochsenknecht

Seit meinem Gang zur Polizei sind einige Monate vergangen. Mittlerweile sind die ersten polizeilichen Ermittlungen aufgenommen worden. Über alle weiteren Schritte werde ich postalisch unterrichtet, sagte mir damals die freundliche Polizistin mit dem Kurzhaarschnitt, als ich die Polizeistation am Alexanderplatz wieder verließ. Was in Zukunft noch kommen wird, ob und wie einer meiner Mobber vor Gericht gezogen und verurteilt wird, ist noch nicht sicher. Aber dafür ist mir persönlich klarer denn je, dass es wichtig war, diese, *meine,* eigenen Schritte zur Polizei zu gehen. Es war wichtig für mich und für meinen eigenen bewussten Umgang mit diesem Thema. Diesem Thema, das so viele Jugendliche und Kinder in ganz Deutschland, aber auch auf der ganzen Welt beschäftigt.

Durch die Anzeige und den langen beschwerlichen Weg zur Polizeistation, dieses »Nach außen gehen« mit meinen Gefühlen bin ich gereift und der Opferrolle, die manche mir aufdrücken wollten, für immer entwachsen. Das weiß ich mit Sicherheit. Und ich hoffe, dass dies auch eine Botschaft sein kann, die andere erreicht und die bestehen bleibt – dass nämlich Betroffene von Cybermobbing ihre Erfahrungen und das, was ihnen in der Vergangenheit widerfahren ist oder ihnen aktuell noch widerfährt, nicht einfach still leidend hinnehmen müssen, sondern sich Hilfe bei Familienangehörigen, Freunden oder einer Beratungsstelle suchen sollten.

Bei mir war das Thema Cybermobbing der traurige Höhepunkt meiner »Mobbingkarriere«, die ja schon in der Grundschule anfing. Aus welchem Grund auch immer. Früher, vor allem noch zu Schulzeiten, habe ich Attacken, ob verbal oder körperlich, einfach so hingenommen. Klar, Anton, der Junge aus meiner Grundschule, verschwand irgendwann aus meinem Leben, und er ist für mich nur noch eine graue Erinnerung, die mehr und mehr verblasst. Aber hätte meine Mutter sich dafür nicht so stark gemacht, wie sie es eben getan hat, wäre es mit den Attacken mir gegenüber wohl noch eine ganze Weile so weitergegangen. Wenn nicht von diesem Jungen aus meiner Grundschule, dann von jemand anderem. Und es tut weh, das jetzt so aufzuschreiben: Aber das wäre auch irgendwie in Ordnung für mich gewesen. Ich hatte damals eine Phase, in der ich das akzeptiert hätte. Es war eben normal, dass ich mit Bauchschmerzen in die Schule fuhr. Und wenn das so weitergegangen wäre, dann hätte ich das still leidend akzeptiert. Vielleicht weil ich gedacht hätte, dass dies eben jetzt der normale Zustand sei – meine Realität, in der ich lebte.

Glücklicherweise weiß ich es heute besser. Nämlich dass es eben nicht normal ist, wenn die Schule ein Ort der Angst ist. Aber auch, als es mit dem Cybermobbing losging und die ersten fiesen Nachrichten mich erreichten, resignierte ich am Anfang. Ich dachte mir: Okay, Cheyenne. So ist es eben. Du hast ein paar Leute, die dir folgen, die schauen, was du so machst, und da gehört es eben dazu, dass du von einigen beleidigt wirst. Das musst du in Kauf nehmen. Aber musste ich das wirklich? Muss ich das heute wirklich? Mittlerweile weiß ich, dass ich das nicht muss. Es ist nicht meine Schuld, wenn jemand mich über Instagram beleidigt, und es hat auch nichts mit mir zu tun. Für diese Leute bin ich nicht Cheyenne, sondern einfach nur eine Projektionsfläche für ihre Wut und ihre Komplexe. Das habe ich in der letzten Zeit wirklich gelernt. Und ich habe gelernt, dass es nie in Ordnung ist, jemanden zu mobben. Es darf nie normal werden, dass irgendjemand verbal oder körperlich gedemütigt wird. Weder auf dem Pausenhof, im Sportverein oder auf der Arbeit noch durch soziale Netzwerke rund um den Globus!

Ich muss an dieser Stelle aber auch eingestehen, dass es nicht immer leicht war, mich mit diesem schwierigen und anstrengenden Thema auseinanderzusetzen. Eben weil ich genau dann merkte, dass ich selbst betroffen bin. Zu Anfang war es etwas unangenehm, über dieses Thema zu sprechen. Es war, ähnlich wie der Gang zur Polizei, ein echt anstrengender Weg. Jetzt, wo ich ihn gegangen bin, fühle ich mich aber stärker und selbstbewusster. Denn jetzt weiß ich, dass diese anonymen Menschen mit ihren Fake-Profilen mir nichts mehr anhaben können.

Ich habe mit der Zeit gelernt, nicht jede beleidigende und obszöne Nachricht an mich heranzulassen – auch wenn es mir teilweise mitunter schwerfiel und immer noch schwerfällt. Aber ich glaube, darum geht es eben auch im Leben und beim Erwachsenwerden – an Dingen und Herausforderungen zu wachsen und Probleme anzugehen, die erst mal unangenehm sind. Vielleicht wäre ja »alles gut« gegangen, wenn ich einfach weiter geschwiegen hätte. Wenn ich zu meiner Mama gesagt hätte: »Ach, die paar Nachrichten, das ist schon okay! Da steh ich drüber.«

Wenn ich mich einfach hätte trösten lassen, Kommentare gelöscht und die meisten Instagram-Nachrichten erst gar nicht geöffnet hätte. Vielleicht wäre dann ja irgendwann Ruhe eingekehrt. Nach einigen Wochen, Monaten oder Jahren. Oder auch nie: Vielleicht wäre nie wirklich Ruhe eingekehrt und das ganze Spiel mit Nachrichten und Fake-Accounts wäre so lange und so intensiv weitergegangen, bis ich unter der Last der Hassnachrichten irgendwann einfach so zusammengebrochen wäre. Und nach den härtesten Attacken in der Vergangenheit hatte ich teilweise schon das Gefühl, das alles nicht mehr zu schaffen. Aber dann habe ich tief Luft geholt, bin zur Tür raus und mit einem Ordner voller Screenshots zur Polizeistation am Alexanderplatz gelaufen. Auch das Hochladen der schlimmsten Nachrichten in einem Highlight-Ordner hat mir gutgetan und hilft mir immer noch. So kann ich anderen zeigen, was mich fast täglich erwartet, wenn ich mein Instagram-Postfach aufmache – und das ist oft weniger schön.

Ich glaube, wir leben in einer Welt, in der Äußerlichkeiten immer noch eine große und wichtige Rolle spielen. Klar, wir alle wollen ja immer irgendwie gefallen, und ich selbst lade ja auch meistens Bilder von mir auf Instagram hoch, bei denen ich finde, dass ich ganz okay aussehe. Es wäre vielleicht auch für mein Instagram-Profil eleganter gewesen, wenn ich den Ordner nicht angelegt hätte, in dem ich jede einzelne beleidigende Nachricht grafisch festgehalten und ab und zu kommentiert habe. Aber das Ganze war – genau wie dieses Buch hier – sehr wichtig für mich.

Ich fühle mich freier, seit ich den Schritt gewagt habe, auch eine Seite von mir zu zeigen, die vielleicht für Außenstehende und Menschen, die mir nicht das Beste wünschen, eine Einladung ist, erst recht zu sagen, dass »die Cheyenne ja total doof ist, weil die sich über Mobbing oder so beschwert«. Aber es geht mir hier ja auch gar nicht um meine Befindlichkeiten. Dieser Highlight-Ordner mit beklemmenden Direktnachrichten ist ein Eingeständnis, vor all meinen Followern gegenüber offen zuzugeben, dass ich so etwas eben auch bekomme. Es macht mir bis heute keinen Spaß, solche Nachrichten zu lesen und die Screenshots davon in meinen »bullying«-Ordner zu packen. Trotzdem fühle ich nach jedem öffentlichen Posting zu diesem Thema auch eine gewisse Erleichterung. Denn es gab eben wirklich viele Momente, in denen ich beispielsweise in Paris war, eigentlich das Leben lebte, was ich immer Leben wollte, aber trotzdem unglücklich war. Ich bekam starke Bauchschmerzen und konnte nicht schlafen, weil ich durch Nachrichten von Fremden getroffen und verletzt war. Und das alles nur wegen eines kleinen elektronischen Geräts auf meinem Nachttisch und einem Social-Media-Account auf einer Plattform, den ich mir vor einigen Jahren erstellt hatte. Eigentlich verrückt.

Ich glaube, die Sache mit Instagram, Facebook und TikTok und all diesen Dingen ist eine Medaille mit zwei Seiten. Einerseits können wir uns einander schnell begegnen und erreichen, ganz egal wo wir sind. Wenn ich zum Beispiel einen meiner Brüder anrufen will, rufe ich über Facetime an. Außerdem mag ich soziale Netzwerke ja auch. Ich mag die Funktionen von Instagram, die Interaktion mit Freunden und Followern und die kleinen Spielereien wie Filter, Umfragen und Sticker. Außerdem ist es mit einem einfachen Klick auf den »Folgen«-Button möglich, superschnell zu erfahren, was berühmte Schauspieler und Stars auf Instagram so posten. Früher soll es ja mal eine Zeit gegeben haben, wo Leute Autogrammkarten statt Selfies gesammelt haben – wie schräg! Man kann durch Instagram und Facebook heute eine große Anzahl von Menschen erreichen und beispiels-weise für einen guten Zweck werben. Das sind alles gute Dinge. Aber bei all den schönen Seiten gibt es eben noch eine andere Seite der Medaille. Eine Parallelwelt im sozialen Netz, in der einzelne Personen aufs Übelste genötigt, bedrängt und gemobbt werden. Und ich finde, diese hässliche Seite der Medaille war bisher viel zu wenig Thema in der Öffentlichkeit, und gerade jetzt ist es an der Zeit, sich dafür starkzumachen. Sei es mit einem Instagram-Highlight-Ordner, verschiedenen Petitionen und Onlineaktionen, Projektwochen an Schulen und Aktions-tagen. Oder eben ganz pragmatisch damit, sich mit einem Ord-ner voll ausgedruckter Screenshots auf dem Weg zur nächsten Polizeistation zu machen.

Das Thema Cybermobbing wurde viel zu lange unter Verschluss gehalten und totgeschwiegen, obwohl die Langzeitfolgen, ge-rade bei Kindern und Jugendlichen, nachweislich verheerend sind und ganze Leben zerstören können. Dem muss unbedingt und am besten so früh wie möglich Einhalt geboten werden. Deshalb kann es jetzt nur heißen: Wehr dich!

WICHTIGE
WWW-ADRESSEN

www.cybermobbing-hilfe.de
Ratgeber für Eltern und Kinder zum Thema Cybermobbing

www.polizei-beratung.de
Beratungsstelle der Polizei

www.klicksafe.de
Beratung für Betroffene

www.saferinternet.at
Unterstützt vor allem Kinder, Jugendliche, Eltern und Lehrende beim sicheren, kompetenten und verantwortungsvollen Umgang mit digitalen Medien

www.buendnis-gegen-cybermobbing.de
Informiert umfassend über Mobbing im Internet

www.schau-hin.de
Gibt Informationen und Tipps für Eltern zum praktischen Umgang mit Cybermobbing

www.jugendschutz.net
Das Kompetenzzentrum für den Jugendschutz im Internet

www.nummergegenkummer.de
Beratungsangebot des deutschen Kinderschutzbundes

www.schueler-gegen-mobbing.de
Tipps für Schüler von Schülern

www.juuuport.de
Selbstschutzplattform von Jugendlichen für Jugendliche

www.nein-zu-cybermobbing.de
Auflistung von Strategien gegen Gewalt im Internet

www.bke.de
Bundeskonferenz zur Erziehungsberatung

QUELLEN

ARAG Digital Risk Survey (31.05.2016)
http://docs.dpaq.de/10858-pressemitteilung_arag_digital_
risks_survey.pdf

Behrens, Peter; Rathger, Thomas: *JM-Studie 2017,
Jugend, Information (Multi-)Media.* Medienpädagogischer
Forschungsverbund Südwest (2017)
https://www.mpfs.de/fileadmin/files/Studien/JIM/2017/
JIM_2017.pdf

BMJ: *Peer victimisation during adolescence and its impact on
depression in early adulthood: prospective cohort study in the
United Kingdom* (2015)
https://www.bmj.com/content/350/bmj.h2469

Br.de: *Was tun Facebook, Youtube und Co. gegen Hass im Netz?*
(04.03.2020)
https://www.br.de/nachrichten/netzwelt/
was-tun-facebook-youtube-und-co-gegen-hass-im-netz,RsFvj2J

Bündnis gegen Cybermobbing; Leest, Uwe; Schneider
Christoph: *Cyberlife II Spannungsfeld zwischen Faszination und
Gefahr. Cybermobbing bei Schülerinnen und Schülern* (2013)
https://www.buendnis-gegen-cybermobbing.de/fileadmin/pdf/
studien/2016_05_02_Cybermobbing_2017End.pdf

Bündnis gegen Cybermobbing: *Mobbing und Cybermobbing
bei Erwachsenen. Eine empirische Bestandsaufnahme in
Deutschland* (2014)
https://www.arag.com/medien/dokumente/2014_03_09_
mobbing_erwachsene_endsm_-_kopie.pdf

Bundesministerium der Justiz und für Verbraucherschutz:
*Gesetz zur Änderung des Strafgesetzbuches – Versuchsstrafbarkeit
des Cybergroomings* (26.06.2019)
https://www.bmjv.de/SharedDocs/Gesetzgebungsverfahren/
DE/Cybergrooming.html

Gebel, Christa; Brüggen, Niels; Hasebrink, Uwe;
Lauber, Achim; Dreyer, Stephan; Drosselmeier, Marius;
Rechlitz, Marcel: *Jugendmedienschutzindex. Der Umgang
mit onlinebezogenen Risiken.* Freiwillige Selbstkontrolle
Multimedia-Diensteanbieter e.V, Berlin (2018)
https://www.fsm.de/sites/default/files/FSM_
Jugendmedienschutzindex_2018.pdf

140hz.de: *Die Hölle, das sind die anderen* (2017)
http://140z.de/2017/die-hoelle-das-sind-die-anderen-user-
cybermobbing-und-die-folgen/

Konflikt-Kultur/Klicksafe.de: *Was tun bei Cybermobbing?*
Systemische Intervention und Prävention in der Schule (2019)

https://www.klicksafe.de/fileadmin/media/documents/pdf/
klicksafe_Materialien/Lehrer_Allgemein/Was_tun_bei_
Cybermobbing.pdf

Lange, Jule; Jetzt.de: *Wie wehre ich mich gegen Cybermobbing?*
(2013)
https://www.jetzt.de/lexikon/
wie-wehre-ich-mich-gegen-cybermobbing-582706

Lorenz, Taylor; The Atlantic: *Teens Are Being Bullied
'Constantly' on Instagram* (10.10.2018)
https://www.theatlantic.com/technology/archive/2018/10/
teens-face-relentless-bullying-instagram/572164/

Mund, M.; Mitte, K.: *The Costs of Repression: A Meta-Analysis
on the Relation Between Repressive. Coping and Somatic Diseases*,
Health Psychology 2012, Vol. 31

OECD: *PISA – Students well being – Germany* (2015)
https://www.oecd.org/pisa/PISA2015-Students-Well-being-
Country-note-Germany.pdf

Olweus, Dan: *Mobbing – Vad vi vet och vad vi kan göra.* Liber,
Stockholm (1986)

Pew Research Center: *YouTube, Instagram and Snapchat are the
most popular online platforms among teens* (29.05.2018)
https://www.pewresearch.org/internet/2018/05/31/
teens-social-media-technology-2018/
pi_2018-05-31_teenstech_0-01/

Stodt, Benjamin; Wegmann, Elisa; Brand, Matthias:
Geschickt – Geklickt! Reflexion und Selbstregulation bei der Internetnutzung Landesanstalt für Medien (2018)
https://www.medienanstalt-nrw.de/fileadmin/user_upload/
lfm-nrw/Foerderung/Forschung/Dateien_Forschung/L206_
Geschickt-geklickt_Schriftenreihe-Band-79.pdf

Tagesschau.de: *Mobbing – ein großes Problem an deutschen Schulen* (2017)
https://www.tagesschau.de/inland/pisa-studie-109.html

Tagesspiegel.de: *Suizid in Berlin* (04.02.2019)
https://www.tagesspiegel.de/berlin/suizid-in-berlin-was-ueber-
den-tod-des-elfjaehrigen-maedchens-bekannt-ist/23943858.html

Vodafone/YouGov: *Cyberbulling Germany* (2015)
http://docs.dpaq.de/9635-ppt_for_vodafone__
cyberbullying_-_germany__060_9_9_15.pdf

Welt.de: *Mobbing im Internet setzt vielen Kindern zu* (2008)
https://www.welt.de/wirtschaft/webwelt/article2954130/
Mobbing-im-Internet-setzt-vielen-Schuelern-zu.html

Zeit.de: *Neue Mittel im Kampf gegen Missbrauch* (17.01.2020)
https://www.zeit.de/news/2020-01/17/kampf-gegen-
kindesmissbrauch-bald-mehr-rechte-fuer-ermittler